KB260724

공부가 되는
우리문화유산

| 자료 협조 |

여기 실린 사진의 일부는 '선운사', '고란사', '상원사', '월정사', '일락사', '전등사', '익산시청',
'평창군청', '단양군청', '논산시청', '제니하우스'에서 제공받았습니다.

〈공부가 되는〉 시리즈 ❶❾

공부가 되는
우리문화유산

초판 1쇄 발행 2011년 9월 5일
초판 3쇄 발행 2017년 12월 19일

지은이 글공작소

책임편집 주리아
책임디자인 노민지

펴낸이 이상순
주 간 서인찬
편집장 박윤주
기획편집 한나비, 김한솔
디자인 유영준, 이민정
마케팅 홍보 이상광, 이병구, 오은애

펴낸곳 (주)도서출판 아름다운사람들
주소 (10881) 경기도 파주시 회동길 103
대표전화 (031)955-1001 **팩스** (031)955-1083
이메일 books777@naver.com
홈페이지 www.books114.net

ⓒ2011, 글공작소
ISBN 978-89-6513-106-9 63900

공부가 되는 우리문화유산

지음 글공작소 | **추천** 정명순 (대송초등학교 교사)

아름다운사람들

공부가 되는
우리문화유산

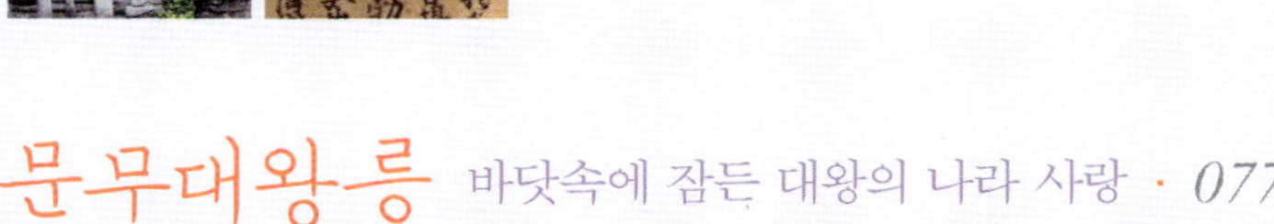

아이들이
『공부가 되는 우리문화유산』을
읽으면 좋은 이유

1 역사에 재미를 붙여 주는 문화유산 이야기

문화유산 이야기는 역사 이야기의 다른 표현입니다. 책 속에서 배우는 역사는 외우는 것들로 가득하고 딱딱하여 역사를 자칫 어려운 과목으로 만드는 단점이 있습니다. 그와 달리 문화유산 이야기는 신비롭고 매혹적인 이야기로 이루어져 있어서 아이들에게 무궁무진한 흥미와 재미를 전달합니다. 그래서 역사에 흥미를 잃을 수 있는 아이들에게 역사가 얼마나 재미있는 것인가를 알게 해 주는 징검다리 역할을 합니다. 예를 들어 신라 천 년의 다보탑과 석가탑이 만들어지면서 얽힌 애틋하고 슬픈 뒷이야기는 역사에 관심을 갖지 않으려 해도 안 가질 수 없게 만드는 요소들입니다.

2 우리 조상이 남긴 최고의 예술과 과학의 현장

우리문화유산은 화려하지 않지만 그 속에 소박한 낭만과 고고한 정신이 깃들어 있습니다. 뿐만 아니라 단순함과 섬세함이 함께 어우러진 절제된 미가 오히려 품격과 울림을 주는 것이 우리문화유산입니다. 그리고 이것을 통해 우리 문화만의 독특한 아름다움과 예술적 완성도를 보여 줍니다. 이러한 우리 문화재는 바로 조상들의 훌륭한 정신과 지혜 그리고 그 결과물로 만들어 낸 과학기술의 높은 수준을 동시에 피부로 느낄 수 있게 합니다.

3 상상력과 생각의 출발점, 우리문화유산

우리문화유산에는 우리 자신의 역사와 미래가 동시에 담겨 있습니다. 옛 사람들의 생활상을 상상하며 그 속에 감춰진 이야기를, 우리문화유산을 통해 접하는 것은 앞으로 우리의 나아갈 길을 알려 주는 거울과 같습니다. 문화유산에 깃들어 있는 옛 사람들의 놀라운 뜻을 되새기다 보면 자신도 모르게 그 속에 담긴 위대한 꿈을 발견할 수 있을 것입니다. 그리고 그 꿈은 새로운 미래를 여는 상상력과 생각의 힘찬 엔진이 되어 줄 것입니다.

4 공부의 즐거움을 깨치는 〈공부가 되는〉 시리즈

〈공부가 되는〉 시리즈는 공부라면 지겹게만 여기는 우리 아이들에게 공부의 즐거움을 깨쳐 주면서 아울러 궁금한 것이 많은 우리 아이들의 지적 호기심을 동시에 해결해 주는 시리즈입니다. 공부의 맛과 재미는 탄탄한 기초 교양의 주춧돌 위에 세워질 때 그 효과가 배가됩니다. 그리고 그 기초 교양은 우리 아이들이 학습에서 자기 주도적 능력을 이끌어 내는 데 큰 밑거름이 됩니다. 『공부가 되는 우리문화유산』은 우리 조상들의 훌륭한 정신과 지혜가 남긴 위대한 문화유산을 흥미롭게 알아가는 과정을 통해 우리문화유산을 더욱 사랑하고 역사에 대한 지식과 깊이 있는 안목을 함께 키워 줍니다. 어린이의 눈높이로 풀어낸 이 책은 우리의 전통문화를 제대로 이해하는 선생님 역할을 톡톡히 할 것입니다.

공부가 되는
우리문화유산
경복궁
창경궁
서울
전등사
강화도
수원
수원 화성
경기도
공산성과 무령왕릉
충청도
공주
낙화암
부여
논산
익산
관촉사 은진미륵보살
미륵사 터와 석탑
고창
전라도
선운사
화순
윤주사 천불천탑

강원도
강릉
평창
오죽헌
상원사
단양
온달 산성
영주
부석사
안동
하회탈
문무대왕릉
합천
경상도
경주
해인사와 팔만대장경
성덕대왕신종
계림
김해
수로왕릉
불국사
석굴암
다보탑과 석가탑

불국사와 석굴암

두 번이나 태어난 머리 큰 아이

신라의 도읍지인 경주의 모량리에 머리가 크고 이마도 넓은 한 아이가 살고 있었는데 그 모습이 큰 성 같다고 해서 사람들은 대성이라고 불렀어요.

"어머니, 일 끝나면 맛있는 생선을 사 올게요."

대성은 집을 나서며 어머니에게 말했어요. 홀어머니와 살고 있던 대성은 집이 너무 가난한 탓에 마을의 부잣집에서 머슴 일을 해야만 겨우 먹고살 수 있었어요. 하지만 대성은 가난을 불평하지 않고 홀어머니를 정성껏 모셨어요.

대성이 열아홉 살 되던 해, 대성은 열심히 일한 덕분에 마침내 조그마한 땅을 얻을 수 있게 되었어요. 대성은 어머니를 부둥켜안고 기쁨의 눈물을 흘렸어요. 비록 작은 땅이지만 그곳에 오두막을 짓고 씨앗도 뿌리며 부지런히 가꿔 나갔어요.

그러던 어느 날, 점개라는 스님이 대성이 일하는 부잣집을 찾아왔어요.

"홍륜사에서 법회를 열려고 합니다. 부처님을 위한 일이니 기쁜 마음으로 시주하시는 건 어떻습니까?"

부자가 흔쾌히 베 50필을 바치자 점개 스님은 두 손을 모으고 고개를 숙이며 말했어요.

"부처님께서 항상 함께해 주실 겁니다. 하나를 시주하면 만 배를 얻어 복을 누릴 수 있습니다."

옆에서 이 말을 들은 대성은 집으로 뛰어가 어머니에게 말했어요.

"어머니, 시주를 하면 그 만 배로 복을 받는다고 합니다. 우리가 전생에 좋은 일을 해 놓지 않아 이렇게 가난하게 사는 것 같습니다. 그러니 지금 시주하지 않으면 다음 생에는 더 가난해질 겁니다."

"허나 우리 집은 가진 게 없는데 무얼 바치면 되겠느냐?"

"얼마 전 마련한 땅이 있지 않습니까? 지금은 조금 힘들겠지만 부처님께 기쁘게 바치면 다음 생에 만 배로 큰 땅을 얻을 수 있을 것입니다."

잠시 망설이던 대성의 어머니가 입을 열었어요.

국보 제23호로 지정된 불국사의 청운교와 백운교. 부처 세계의 경지에 이르는 관문인 33개의 계단으로 이루어져 있다.

"그래, 그러는 게 좋겠구나."

그래서 대성은 한달음에 달려가 재산의 전부인 땅을 흥륜사 법회를 위해 점개 스님에게 시주했어요. 하지만 얼마 후, 대성은 복을 받기는커녕 갑자기 덜컥 죽고 말았어요.

대성이 세상을 떠나던 그날 밤, 당시 나라의 재상이었던 김문량은 이상한 꿈을 꾸었어요. 온 집안에 연기가 가득 차더니 갑자기 하늘에서 천둥과 같은 소리가 들리는 것이었어요.

"모량리의 대성이라는 아이를 네 집에 맡길 터이니 성심성의껏 기르도록 하여라!"

그 꿈을 꾼 얼마 후, 김문량의 부인이 아이를 낳았는데 아이가 왼손을 꼭 쥔 채 퍼질 않았어요. 그러다가 일주일 만에 겨우 편 아이의 손바닥 안에는 '대성'이라는 글자가 새겨진 금빛 숟가락이 있었어요.

"꿈에서 이야기한 것과 같은 이름이구나."

김문량은 신기해하면서 아이의 이름을 대성이라고 지었어요. 그뿐만 아니라 여전히 모량리에서 가난하게 살고 있는 전생의 어머니도 찾아 자신의 집에 모셔 와서 편히 살도록 했어요. 전생에 조그만 땅을 부처님께 시주했던 대성은 정말로 다

석굴암의 본존불상

시 태어나 만 배가 넘는 땅을 가진 재상의 아들이 되었어요.

  재상의 집에서 다시 태어난 대성은 그 후 학문을 배우고 무예와 기예도 익혔어요. 특히 사냥을 좋아했던 대성은 어느 날 토함산에서 곰 한 마리를 잡은 뒤 산 아래에 있는 마을에서 하룻밤을 묵었어요. 그날 밤 꿈에 곰이 귀신으로 변해 나타나 말했어요.
  "어찌 나를 죽였느냐. 이번엔 내가 너를 잡아먹겠다!"
  곰이 무섭게 으르렁대며 다가오자 대성은 잔뜩 겁이 났어요. 대성은 황급히 머리를 조아리며 곰에게 말했어요.
  "정말 미안하오. 내 그대의 화를 풀어 줄 수 있는 건 무엇이든 하겠으니 말해 보시오."
  "좋다. 그렇다면 나를 위해 절을 세울 수 있겠느냐?"
  "물론 그리하겠소."
  약속을 하자마자 곰은 사라지고 대성은 잠에서 깼어요. 대성이 베고 있던 베개는 땀으로 축축히 젖어 있었어요. 대성은 안도의 한숨을 내쉬고 그 뒤로 다시는 사냥을 하지 않았어요. 물론 곰과 약속한 대로 곰을 잡았던 토함산 아래에 장수사라는 절을 지어 주었어요.
  '부처님의 은덕으로 다시 태어났건만 그 은혜를 갚기는커녕 살생을 저지르는 짓만 하고 있었구나!'

이 일로 크게 반성한 대성은 사냥을 그만두고 열심히 공부해서 벼슬길로 나갔어요. 그리고 나이 마흔 살이 되던 무렵에 아버지를 뒤이어 재상이 되었어요.

대성은 부처님 덕분에 다시 태어난 것에 감사하며 부모님의 은혜를 갚는 일이야말로 부처님의 은혜에 보답하는 일이라고 생각했어요. 어떻게 하면 은혜에 보답할 수 있을까 고민하던 대성은 신라에서 가장 아름다운 절을 짓기로 했어요. 그리하여 현재의 부모를 위해 불국사를 세우고, 전생의 어머니를 위해서 석굴암을 세웠어요.

부모님과 부처님의 은혜에 감사하며 지은 이 두 건축물은 통일 신라 시대 최고의 걸작으로서 지금도 크게 사랑받고 있어요.

불국사와 석굴암
경상북도 경주시 진현동 토함산에 있는 불국사와 석굴암은 751년 통일 신라 경덕왕 때 김대성이 만들기 시작하여 774년 혜공왕 때 창건되었어요. 불국사는 사적 제502호에, 석굴암은 국보 제24호에 지정되었는데 각각의 빼어남을 인정받아 1995년 유네스코 세계문화유산에 동시에 등록되었어요.

아름다운 무늬가 수놓아져 있는 불국사의 기와

불국사 관음전의 관세음보살

사천왕문 안에 있는 남방 증장천왕(왼쪽)과 서방 광목천왕(오른쪽)

공부가 되는 우리문화유산

불국사 대웅전과 극락전 앞에 있는 석등    불국사 법고

불국사와 석굴암

석굴암 주실로 들어가는 좌우에 있는 금강역사 　　세계에서 유일한 인조 석굴인 경주 석굴암

공부가 되는 우리문화유산

일제에 의해 훼손되기 전의 석굴암

밖에서 본 석굴암

석굴암 입구

다보탑과 석가탑

아사달과 아사녀의 못다 한 슬픈 사랑

통일 신라의 경덕왕은 불국사에 지금까지 세워진 다른 어떤 탑보다도 아름다운 탑을 세우고 싶었어요. 그래서 신라 최고의 석공에게 이 일을 맡기기로 했어요. 하지만 신라 곳곳을 아무리 뒤져 봐도 마음에 드는 석공을 찾을 수 없었어요.

"우리 신라에 탑을 세울 만한 훌륭한 석공이 이렇게 없단 말이냐!"

경덕왕은 한숨을 쉬며 안타까워했어요. 그때 옛 백제의 수도였던 부여에 사는 도고라는 석공에 대한 소문이 들려왔어요. 경덕왕이 뒷조사를 해 보니 도고는 정말로 경덕왕이 찾고 있던 사람이었어요.

그래서 경덕왕은 한걸음에 신하를 보내 도고에게 탑을 쌓아 달라고 부탁했어요. 그러자 한참 고민하던 도고가 대답했어요.

"저는 이미 환갑을 넘겨 탑을 쌓기엔 늙고 병들었습니다. 나

그림자가 없는 탑이라고 무영탑이라 불리는 석가탑은 단순한 듯 보이지만 실은 매우 섬세하고 치밀하게 만들어진 우리나라 최고의 석탑이에요. 또한 석가탑이 더 유명해지게 된 것은 바로 석가탑 안에서 『무구정광대다라니경』이라는 것이 나왔기 때문이기도 해요. 불국사가 세워졌던 751년경 만들어진 것으로 보이는 『무구정광대다라니경』은 세계에서 가장 오래된 목판 인쇄물로 우리나라의 놀라운 활자 인쇄 기술을 보여 주는 빼어난 문화유산이에요.

라의 중요한 탑을 쌓는데 제가 일을 그르칠 수는 없습니다. 대신 저의 제자인 아사달에게 이 일을 맡기면 어떠하십니까? 젊은 데다가 실력도 뛰어나서 필히 저보다 훌륭한 탑을 세울 수 있을 겁니다.”

경덕왕은 도고의 말을 믿고 아사달에게 일을 맡기기로 했어요.

아사달은 도고가 가장 아끼는 제자이자 사위였어요. 또한 도고의 귀한 외동딸 아사녀의 남편이기도 했지요.

도고는 늦은 밤, 아사달을 조용히 방으로 불러 자초지종을 설명했어요. 스승의 말에 아사달은 놀라기는 했지만 기쁨으로 가슴이 벅차올랐어요. 만 년 후에도 한자리에 우뚝 솟아 아름다움을 드러낼 탑을 만드는 것은 그가 예전부터 꿈꿔 왔던 것이기 때문이었어요.

그러나 아사달은 이내 고민에 빠졌어요.

‘경주에 가려면 아사녀와 1년이 넘도록 헤어져 지내야 하는데 이를 어쩐다……’

아사달의 마음은 무겁기만 했어요. 석공은 오로지 탑을 쌓는 데에만 몰두해야 했기 때문에 아내와 같이 생활할 수는 없

국보 제21호로 지정된 석가탑

국보 제20호로 지정된 다보탑

었어요. 설령 함께 갈 수 있다고 해도 스승이자 장인인 도고의 몸이 편치 않아 아사녀가 오랫동안 집을 비우고 아사달을 따라 경주로 떠날 처지도 아니었어요.

아사달은 안타까운 마음을 감춘 채 아사녀에게 말했어요.

"경주에서 불국사 법당 앞에 세울 탑 쌓는 일을 내게 맡겼소. 스승님께선 몸이 불편하시다면서……."

갑작스런 소식에 아사녀는 깜짝 놀랐어요. 그러나 이내 살며시 미소 지었어요. 먼 훗날까지도 길이 남을 훌륭한 석탑을 쌓고 싶어 하는 아사달의 꿈을 알고 있었으니까요. 물론 아사녀는 아사달이 탑을 쌓는 동안 함께 지낼 수 없다는 것도 알고 있었어요. 그러나 아사녀는 사랑하는 남편의 꿈이 이루어지길 바랐어요. 그래서 아무 내색도 하지 않았어요. 대신 아사녀는 아사달의 손을 잡고 조용히 말했어요.

"저는 괜찮습니다. 제 걱정은 말고 당신의 소망대로 세상에서 제일가는 탑을 쌓고 돌아오세요."

다보탑과 석가탑

그날 밤 아사달과 아사녀는 서로 부둥켜안은 채 하염없이 눈물을 흘렸어요.

다음 날, 아사달은 경주를 향해 길을 떠났어요. 그리고 경주에 도착하자마자 그동안의 경험과 기술을 모두 쏟아 부어 탑을 세우는 일에만 매달렸어요.

아사달은 해가 솟아오르는 아침부터 저무는 저녁까지 바위와 씨름하며 열심히 탑을 쌓아갔어요. 세상에 길이 남을 훌륭한 탑을 만들겠다는 굳은 의지로 온몸이 땀에 젖어도 힘든 줄 몰랐어요. 그러나 아사달의 마음 한편에는 항상 부여에서 자신을 기다리고 있는 아사녀가 함께했어요. 그렇게 하루가 가고 이틀이 가고 1년이 갔어요.

드디어 아사달은 탑 하나를 완성했어요. 바로 다보탑이었지요. 사람들은 탑을 바라보며 넋을 잃고 말했어요.

"보름달처럼 어여쁜 새색시 같네!"

아사달은 아사녀를 닮은 탑을 만들어 한없이 기뻤어요. 그러나 아사달은 마냥 기뻐할 수가 없었어요. 아사녀와 약속한 1년이 지났는데 아직 만들어야 할 탑이 하나 더 있으니까요. 아사달은 다보탑 옆에 세울 탑을 석가탑이라고 이름 붙이고 자기 모습을 닮은 신랑 탑을 만들기로 했어요.

아사달은 다시 바위를 깎고 다듬는 일에 더욱 열중했어요.

그리고 어느덧 아사달이 경주에 와 두 번째로 맞는 봄이 되었어요. 이제 두어 달 정도면 석가탑도 완성될 것 같아 아사달은 한층 더 열심히 일 했어요.

한편 부여의 아사녀는 아버지 병간호를 하며 아사달을 기다렸어요. 하지만 약속한 1년이 지나도 아사달은 돌아오지 않았어요. 게다가 아버지의 병도 날이 갈수록 깊어지더니, 결국 그해 겨울 그만 세상을 떠나고 말았어요.

마침내 두 번째 봄이 찾아왔을 때, 아버지도 돌아가시고 혼자가 된 아사녀는 쓸쓸함에 더 이상 기다릴 수가 없었어요.

"아사달을 만나러 경주에 가야겠어."

아사녀는 보름 넘게 걷고 또 걸어 경주에 도착했어요. 몸은 지치고 피곤했지만, 이제 곧 꿈에 그리던 아사달을 만날 수 있을 거라는 생각에 기쁘기만 했어요.

그러나 아사녀가 불국사 문 앞에 다다랐을 때, 문 앞을 지키던 문지기가 앞을 가로막았어요. 아사녀가 아무리 사정을 해 보아도 문지기는 단호히 고개를 가로저었어요.

"절대 안 되오. 지금은 공사가 한창이오. 탑을 쌓는 사람이

부처님의 말씀이 계속된다는 뜻을 지닌 다보탑과 석가탑의 꼭대기 부분

여자를 만나는 일은 예로부터 금지되어 있소.”

아사녀는 너무나 슬퍼 그 자리에 주저앉아 눈물만 흘렸어요. 아사녀의 모습이 안쓰러웠던 문지기가 말했어요.

“내가 듣기로, 탑 쌓는 일은 길어야 한두 달 후면 끝날 것이라 하오. 그러니 저쪽 영지못에서 기다려 보시오. 그리고 연못에 완성된 탑 그림자가 비치거든 그때 오시오.”

그래서 아사녀는 다음 날부터 영지못으로 가서 연못을 바라보며 탑이 완성되기만을 기다렸어요. 그러나 탑 그림자는 두 달이 넘도록 보이지 않았어요.

“두 달이 한참 넘었는데도 탑 그림자가 보이질 않구나. 이제 부여에 돌아갈 힘도 없는데…….”

그러던 어느 날 밤, 못 견디게 아사달을 그리던 아사녀는 쓸쓸히 연못 속으로 걸어 들어가고 말았어요.

다음 날, 석가탑을 완성한 아사달은 문지기에게 아사녀가 왔다는 말을 듣고, 영지못으로 달려갔어요. 하지만 아사녀는 어디에도 없었어요. 아사달을 맞이한 것은 죽은 아사녀의 가죽신뿐이었어요. 아사달은 바위를 붙잡고 구슬피 울다가 어디론가 사라져 버렸어요. 연못가 영지 바위에는 아사달이 아사녀를 그리워하며 새겨 놓은 초상화만이 남게 되었어요.

그 뒤로 사람들은 아사녀가 석가탑의 그림자를 보지 못하고

다보탑과 석가탑

죽었다고 해서 석가탑을 그림자 없는 탑이라는 뜻의 '무영탑'
이라 부르기 시작했어요. 아사녀가 그토록 보고 싶어 하던 탑
그림자가 끝내 연못에 비치지 않았기 때문이에요. 그와 반대
로 다보탑은 영지못에 그림자가 비쳤다고 '유영탑'이라고 불렀
어요.

다보탑과 석가탑

현재 경상북도 경주시 진현동 불국사 안에 자리 잡고 있는 다보탑과 석가탑은 통일 신
라 경덕왕 때 만들어진 것으로 알려져 있어요. 다보탑은 국보 제20호에, 석가탑은 국
보 제21호에 등록되었어요.

공부가 되는 우리문화유산

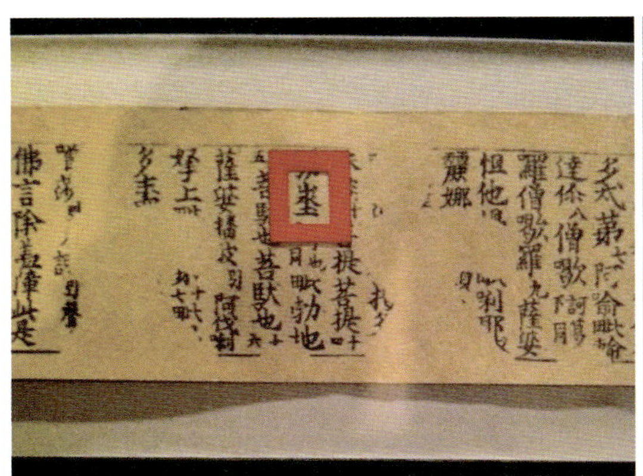

불국사 안에 나란히 서 있는 다보탑과 석가탑

석가탑 안에서 나온 가장 오래된 목판 인쇄물 「무구정광대다라니경」, 국보 제126호이다.

계림

황금 궤짝에서 태어난 신비한 아이

추운 겨울이 지나고 3월이 되었어요. 신라 경주의 반월성 서쪽에 살고 있는 호공은 3월 어느 깊은 밤 잠자리에 들려는 찰나, 무언가 이상한 소리를 들었어요.

'이게 무슨 소리지?'

호공은 가만히 귀를 기울였어요. 한참을 들어 보니 그건 바로 '시림'이라는 숲 속에서 들려오는 닭 우는 소리였어요.

'이상한 일이로군. 새벽도 아니고 이렇게 한밤중에 닭이 울다니.'

이를 기이하게 여긴 호공은 잠자리에 들려다 말고 닭 울음소리를 따라 시림으로 들어갔어요. 한밤중의 숲은 어두컴컴했어요. 호공은 나무를 헤치고 닭 울음소리가 들리는 곳으로 발걸음을 옮겼어요. 닭 울음소리가 가까워질수록 숲이 밝아지더니 마침내 그곳에서 신기한 광경을 보게 되었어요.

"아니, 저건!"

호공은 빛이 나는 곳을 바라보고 깜짝 놀랐어요. 그곳에는 자주색으로 아름답게 물든 구름이 하늘에서 땅까지 가득했고 커다란 나무에는 번쩍번쩍 빛나는 황금 궤짝이 걸려 있었어요. 또 흰 닭이 목청껏 울고 있는 그곳은 황금 궤짝에서 새어 나오는 빛 때문에 대낮같이 환했어요.

'이건 보통 일이 아니로구나. 어서 왕께 알려야겠다.'

날이 밝자마자 호공은 신라의 제4대 왕인 탈해왕에게 달려가 자신이 본 신비로운 광경에 대해 말했어요. 탈해왕은 신기해하며 호공에게 물었어요.

"정말로 황금 궤짝과 흰 닭을 보았단 말인가?"

"그러하옵니다, 전하. 이것은 분명 나라에 좋은 일이 생길 징조입니다."

"경의 말이 그러하다면 어서 가서 황금 궤짝을 열어 보도록 합시다."

호공의 이야기를 들은 탈해왕은 시림으로 향했어요. 시림에 도착해 보니 과연 호공의 말대로 나뭇가지에 황금 궤짝이

신라의 천문대였던 국보 제31호의 첨성대

경주 반월성에 있는 얼음을 보관하던 조선 시대의 석빙고

석빙고 입구

석빙고 내부 모습

공부가 되는 우리문화유산

걸러 있었고 여전히 흰 닭이 목청껏 울고 있었어요. 탈해왕이 궤짝 앞에 서니 그제야 소리 높여 울던 닭은 울음을 그치고 탈해왕에게 머리를 조아리더니 순식간에 사라져 버렸어요.

탈해왕은 남겨진 커다란 황금 궤짝을 보고 놀라서 말했어요.

"경이 발견했다는 것이 이 궤짝인가 보군."

탈해왕이 조심스레 열어 본 황금 궤짝 안에는 놀랍게도 용모가 빼어난 아기가 들어 있었어요.

"범상치 않은 아기로구나. 이 아기는 황금 궤짝에서 태어났으니 '금(金)' 자를 써서 성씨는 '김(金)'으로 정하고 '알지'라 불러야겠다."

'알지'란 그 당시 어린 아이란 뜻이었어요. 탈해왕은 범상치 않은 김알지를 데리고 궁으로 와 정성껏 보살폈어요. 그리고 김알지가 성인이 되자 왕위를 물려주려고 했지만 극구 사양하여 김알지 대신 파사가 왕이 되었어요.

탈해왕은 김알지가 태어난 시림을 '흰 닭이 우는 숲'이라 해서 '계림'이라고 고쳐 불렀고 '계림'을 성스러운 곳으로 정해 나

옛 신라의 성이었던 경주 반월성에는 돌로 만든 얼음 창고인 석빙고가 있어요. 옛날에는 여름에 얼음을 얼릴 수 없었기 때문에 겨울에 얼음을 만들어 석빙고에 저장해 두었다가 여름에 사용했다고 해요. 이 석빙고는 신라의 유적지에 있기 때문에 신라의 것으로 오해하기 쉽지만 실제론 조선 시대에 만들어진 거예요. 조선 후기에 만들어진 석빙고는 경주가 아닌 다른 지역에도 있다고 해요. 하지만 그 규모나 기법에서 경주 석빙고가 가장 우수한 걸작으로 꼽혀요.

김알지 설화를 그린 조선 시대 화가 조속의 〈금궤도〉

무를 베지 못하도록 법으로 정했어요. 그래서 지금까지 계림에 있는 나무들은 옛 모습을 그대로 간직하고 있어요. 계림의 아름다운 숲은 신라와 함께 천 년의 삶을 산 것이지요.

황금 궤짝에서 태어난 김알지는 경주 김씨의 시조가 되었고, 훗날 김알지의 6대손인 미추는 신라의 제13대 왕이 되었어요.

계림

경상북도 경주시 교동에 위치하고 있는 계림은 김알지의 황금 궤짝이 발견되었던 숲이에요. 김알지의 설화가 전해 오는 계림은 사적 제19호로 지정되어 있어요.

계림의 내력과 김알지 탄생 설화에 대한 이야기가 쓰여 있는 계림비각

신라 왕과 귀족들이 술잔을 물에 띄워 놓고 연회를 즐겼다는 경주의 포석정

공부가 되는 우리문화유산

신라 궁궐이 있었던 반월성 주변의 인공 연못, 안압지

성덕대왕신종

봉덕사에 울려 퍼진 아기 울음소리

"이번에야 말로 제대로 완성되어야 할 텐데……."

770년, 봉덕사의 주지 스님은 완성된 종 앞에서 중얼거렸어요. 그동안 종을 만드는 일은 번번히 실패로 끝났어요. 끓는 쇳물을 붓다가 거푸집이 터져 버리기도 했고, 완성이 되었다고 여겼던 종에 금이 가 있기도 했어요. 이렇게 몇 번의 실패를 거듭한 끝에 그럴싸한 모양의 종이 완성되었어요. 주지 스님은 떨리는 마음으로 종을 쳤어요. 하지만 은은하게 울려 퍼져야 할 종에서 이번에는 깨진 쇳소리만 났어요.

"아, 또 실패구나."

봉덕사 주지 스님은 종 앞에 서서 한숨을 내쉬었어요.

약 30년 전인 742년, 경덕왕은 봉덕사에 아버지 성덕왕의 넋을 기릴 종을 만들고 싶었어요.

하나의 종, 세 가지 이름

성덕대왕신종은 성덕왕의 넋을 기리기 위해 만든 종이라고 붙여진 이름이에요. 하지만 이 이름 말고도 에밀레종, 봉덕사종으로도 불리는데 우리나라에 있는 종으로는 가장 큰 종으로 국보 제29호로 정해져 있어요. 신라의 독특한 미술 양식을 볼 수 있는 성덕대왕신종은 18.9톤이라는 거대한 크기와는 달리 부드럽고 아름다운 곡선을 자랑해요. 겉에는 비천상이 공양하는 모습이 새겨져 있어요. 비천상이란 하늘을 떠도는 신선 혹은 불교의 천사를 말해요. 또한 덩굴무늬를 비롯해 1,000여 자의 문장이 기록되어 신라 불교 예술의 아름다움을 느낄 수 있어요.

"종을 치면 그 소리가 만 리까지 울려 퍼져 백성들의 마음을 편안하게 할 아름다운 소리를 내는 종을 만드시오."

그리하여 시작된 아름다운 종을 만드는 일은 생각만큼 쉬운 일이 아니었어요. 실패는 계속되었고 결국 경덕왕이 죽고 그의 아들 혜공왕이 왕위에 오른 지 5년이 되어도 종은 여전히 완성되지 못했어요.

봉덕사의 주지 스님은 또다시 실패한 종을 보고 마음이 아팠어요.

"우리의 정성이 아직 부족한 모양이구나. 백성들의 정성이 담긴 시주를 받아 다시 한 번 만들어 보자."

주지 스님은 다른 스님들과 함께 신라 방방곡곡을 돌아다니며 사람들에게 시주를 받았어요. 그러다 어느 허름한 초가집 앞에 도착했어요. 그 집에는 한 여인이 아이를 안고 등을 토닥토닥 두드리며 낮잠을 재우고 있었어요. 그 평화로운 풍경을 보고 스님은 여인에게 다가가 합장을 하고 말했어요.

"영혼을 깨우는 종을 만들려고 합니다. 부처님을 위해 시주를 해 주십시오. 나무아미타불 관세음보살."

스님의 말을 들은 여인은 곤란하다는 표정을 짓더니 한숨을 쉬며 말했어요.

"스님, 보시다시피 저희 집은 너무 가난해서 시주할 것이 아무것도 없습니다. 제가 가진 것은 이 딸아이밖에 없는데, 이 아이라도 부처님께 바치라시면 바치지요."

주지 스님은 어떻게 딸을 데리고 갈 수 있겠냐며 그 여인의 집을 떠났어요.

그런데 며칠 뒤, 주지 스님의 꿈속에 이상한 노인이 나타났어요. 노인은 주지 스님을 엄하게 꾸짖었어요.

"너는 어찌하여 그 여인의 딸을 데려오지 않았느냐? 영혼을 깨우는 종을 만들려면 백성의 정성이 제일 중요하거늘! 그 아이를 쇳물에 녹여 종을 만들어야 종을 완성할 수 있을 것이다."

그러더니 노인은 온데간데없이 사라져 버렸지요.

꿈에서 깨어난 주지 스님은 며칠 전에 본 여인을 떠올렸어요. 곤히 잠자던 아이의 평온한 얼굴도 떠올랐지요. 주지 스님은 고개를 가로저었어요.

'아무리 종을 완성해야 한다고 해도 어찌 그런 어린 아이를 쇳물에 넣을 수 있단 말인가?'

하지만 며칠 동안 그 꿈이 머릿속에서 계속 맴돌았어요.

'이것은 정녕 부처님의 뜻이구나.'

성덕대왕신종에 새겨진 비천상 조각

머칠을 고민하던 주지 스님은 할 수 없이 여인이 사는 초가집으로 향했어요. 여인은 마루를 닦고 있었고, 아이는 그 곁에서 새근새근 잠을 자고 있었지요. 주지 스님은 여인에게 다가가 조용히 말을 꺼냈어요.

"며칠 전 부처님께 딸이라도 바치겠다고 하신 말씀을 기억하십니까?"

"예, 그렇습니다만……."

여인은 불안한 얼굴로 주지 스님을 쳐다보았어요. 주지 스님이 여인에게 꿈 얘기와 함께 자초지종을 설명하자 여인의 얼굴이 새하얗게 질렸어요.

"아니, 스님. 어찌 그런 무서운 말씀을 하십니까? 그것은 그냥 했던 말입니다. 절대 그럴 수 없습니다. 돌아가 주세요."

"온 중생의 영혼을 일깨우는 일인 만큼 한 사람의 희생은 정말이지 고귀한 일입니다. 따님의 육신은 이 세상에서 사라져 없어지더라도 그 영혼은 영원히 우리 중생들을 깨워 주는 종으로 남을 것입니다."

주지 스님의 끈질긴 설득 끝에 여인은 눈물을 뚝뚝 흘리며 곤히 자고 있는 자신의 딸을 스님에게 건넸어요.

372년, 고구려의 소수림왕이 처음으로 불교를 받아들이면서 절에서 만드는 종 역시 중요하게 여겼어요. 절에서 만드는 종을 범종이라고 하는데 종은 시계가 없었던 옛날에 시간을 알려 주는 역할도 했지만 종교적인 의미가 더욱 강했어요. 옛날 사람들은 종소리를 들으면서 마음속에 있는 나쁜 마음에서 벗어나 평온한 마음을 가지며 지금은 고통스럽지만 죽어서는 행복한 곳에 가기를 기도했어요. 그래서 종을 만들 때 사람들은 부처님에 대한 믿음을 담아 공양을 했고 백성들의 정성과 나라의 힘으로 종을 만들어 백성과 나라가 모두 잘되기를 바랐어요.

“부처님의 뜻이라니……. 하는 수 없네요. 제 마음이 바뀌기 전에 어서 데려가시지요.”

주지 스님은 아이를 안아 들고 허리를 숙여 감사를 표했어요.

봉덕사로 돌아온 주지 스님은 부처님께 정성껏 기도를 올리고 가난한 여인에게서 데려온 아이를 펄펄 끓는 쇳물에 넣었어요. 하지만 아이는 울지 않았어요. 오히려 자신의 운명을 받아들이는 듯 평온한 얼굴이었어요.

이렇게 해서 성덕대왕신종을 만들게 되었어요. 완성된 종은 이전 종들과는 달리 깨지지도 않았고 종에 새겨진 무늬도 무척이나 아름다웠어요. 게다가 소리는 어찌나 맑고 은은한지, 종소리가 방방곡곡에 울려 퍼지면 모두들 하던 일을 멈추고 기도를 드렸어요.

하지만 딸아이를 바친 여인에게만은 그 종소리가 너무나도 슬프게 들렸어요. 종이 울릴 때마다 마치 엄마를 부르는 듯한 딸아이의 슬픈 울음소리가 들리는 것 같았어요. 종소리가 산을 타고 “에밀레, 에밀레” 하고 울려 퍼지면 여인은 집 밖으로 뛰쳐나가 아이를 찾아 헤맸어요.

"그래, 아가. 엄마가 갈게. 울지 마렴."

아이를 잃은 슬픔을 견디다 못한 여인은 결국 강물에 뛰어들어 목숨을 끊고 말았어요. 그래서 성덕대왕신종의 또 다른 이름은, 종을 치면 아이가 엄마를 찾는 소리처럼 '에밀레, 에밀레' 하고 들린다고 해서 '에밀레종'이에요.

성덕대왕신종

771년 통일 신라 혜공왕 때 만들어져 봉덕사에 있던 성덕대왕신종은 현재 경상북도 경주시 인왕동에 있는 국립 경주 박물관에 소장되어 있어요. 성덕대왕신종은 국보 제29호예요.

황룡사

참새도 속은 그림

신라 시대 어느 시골 마을에 솔거라는 아이가 살고 있었어요.

그림 그리기를 아주 좋아했던 솔거는 틈만 나면 쭈그리고 앉

아서 그림을 그렸어요. 그런 솔거의 모습을 본 아버지는 혀를

차며 말했어요.

"하라는 일은 안 하고 도대체 뭘 하는 거냐? 그림 그리면 누가 밥이라도 준다더냐?"

하지만 솔거는 밭을 가는 것보다, 밥을 먹는 것보다 그림 그리는 일이 훨씬 즐거웠어요.

'나도 좋은 스승이 있었으면…….'

솔거는 좋은 스승 밑에서 그림을 배우고 싶었어요. 하지만 시골 마을인데다 솔거네 집은 가난했기 때문에 그림을 배울 스승을 찾을 수도 구할 수도 없었어요. 그래서 솔거는 혼자서

553년 진흥왕은 새로운 궁궐을 짓기 위해 터를 정하고 공사를 시작했어요. 막 작업을 시작하려고 하는데 갑자기 그곳에서 황룡 한 마리가 나타나더니 하늘로 올라갔어요. 진흥왕은 이것은 궁궐이 아니라 절을 지으라는 부처님의 뜻이라 생각하고 절을 짓기 시작했어요. 진흥왕 때 짓기 시작한 이 절은 선덕 여왕 때 완성이 되었고 황룡이 나타난 절이라고 이름도 황룡사라고 지어 불렀어요. 황룡사는 임진왜란 때 불탔다가 다시 세워졌지만 또다시 화재로 불타는 바람에 지금은 빈터만 남아 있어요.

그림 공부를 할 수밖에 없었어요.

'어떻게 하면 그림을 더 잘 그릴 수 있을까?'

솔거는 그림을 그리기 전, 항상 두 손을 모아 하늘에 간절히 기도했어요.

그러던 어느 날이었어요. 솔거는 방 안에서 그림을 그리다가 깜박 잠이 들고 말았어요. 꿈속에 희고 긴 수염을 가진 노인이 나타나 솔거에게 붓 한 자루를 건네주며 말했어요.

"나는 하늘의 아들 단군이다. 이 붓은 하늘이 네게 주는 선물이니라."

단군 앞에서 무릎을 꿇고 붓을 받는 순간 솔거는 잠에서 깼어요. 잠에서 깬 솔거는 놀라서 주위를 두리번거렸지만 단군도, 단군이 주었던 붓도 없었어요.

"꿈이었구나."

솔거는 생생했던 단군과 붓을 떠올리며 아쉬워했어요.

"잊기 전에 그림으로라도 남겨 둬야지."

솔거는 재빨리 붓을 들고 단군을 그리기 시작했어요. 그런데 신기한 일이 벌어졌어요. 그림이 너무도 쉽게 그려지는 것

가상으로 복원한 황룡사 9층목탑

058
공부가 되는 우리문화유산

이었어요. 게다가 그림 속 단군이 어찌나 생
생한 모습인지 솔거의 그림을 본 사람들은
입이 마르도록 칭찬했어요.

　"세상에, 정말로 단군님이 방 안에 계시는
것 같군!"

　"이보게나, 나한테도 단군님을 한 장 그려
주지 않겠나?"

　사람들은 너도나도 솔거에게 단군 그림을
그려 달라고 부탁했어요. 솔거의 단군 그림
에 대한 소문은 신라 곳곳으로 퍼져 멀리서
까지 솔거의 그림을 구하려고 많은 사람들이
몰려왔어요. 그래서 솔거는 사람들에게 어찌
나 많은 그림 부탁을 받았던지 단군 그림을
천 폭도 넘게 그렸어요.

　그러던 어느 날이었어요. 어느 늙은 스님이 솔거를 찾아와
말했어요.

　"소문은 익히 들었습니다. 부처님을 위해 황룡사 벽에 그림
을 그려 주지 않겠습니까?"

　솔거는 깜짝 놀라면서도 한편으로는 뛸 듯이 기뻤어요. 신
라 최고의 절인 황룡사의 벽화를 보잘것없는 자신이 직접 그

리게 될 줄은 꿈에도 몰랐으니까요. 늙은 스님의 부탁으로 솔
거는 황룡사에 가게 되었어요.

  아침 일찍 늙은 스님은 황룡사의 한쪽 벽으로 솔거를 데려갔
어요. 그곳은 아무 것도 그려지지 않은 채 텅 비어 있었어요.

  "그럼, 부탁드리겠습니다."

  스님의 말에 솔거는 정중히 두 손을 모으고 고개를 숙였어
요. 스님이 자리를 떠나자 솔거는 붓을 들고 그림을 그리기 시
작했어요. 아침 일찍부터 시작한 그림 그리기는 해가 질 때까
지 계속되었어요. 그렇게 솔거는 황룡사 벽화인 〈노송도〉를
완성했어요. '노송'은 늙은 소나무를 가리키는 말로 오래된 소
나무를 황룡사 벽에 그린 것이지요.

  "스님, 완성했습니다."

  솔거의 말을 듣고 그림을 보러 온 늙은 스님은 깜짝 놀
랐어요. 텅 비어 있던 황룡사 벽에는 마치 늙은 소나무
한 그루가 살아 서 있는 것 같았어요. 그림 속의 거칠거
칠한 나무껍질은 금방이라도 벗겨질 것 같
았고 푸른 잎은 바람이 불면 흔들릴 것
같았어요.

  "정말 놀라운 솜씨로군요. 필히
부처님께서도 기뻐하실 겁니다."

  솔거가 〈노송도〉를 그려 주고 황

분황사 모전석탑의 입구에 장식된 인왕상

황룡사

룡사를 떠난 며칠 뒤, 이상한 일이 벌어졌어요. 솔거의 그림이 그려진 벽 아래에 아침마다 새들이 떨어져 죽어 있는 것이었어요.

'이상한 일이구나. 새들이 왜 여기 와서 죽어 있는 걸까?'

이를 궁금하게 여긴 늙은 스님이 벽 주변을 유심히 관찰하다가 어느 날 신기한 광경을 보게 되었어요. 새 한 마리가 나뭇가지에 앉으려는 듯 〈노송도〉가 그려진 황룡사 벽에 날아드는 것이었어요. 하지만 황룡사 벽에 있는 것은 진짜 소나무가 아니라 그림인데도 너무나 진짜 같았기에 새들이 멋모르고 날아들다가 벽에 부딪혀 땅으로 곤두박질치고 말았어요.

"새들이 그림을 진짜 소나무로 아는구나!"

늙은 스님은 그제야 무릎을 탁 치며 웃었어요. 솔거의 그림 솜씨가 어찌나 뛰어났던지 새들은 황룡사 벽에 그려진 소나무 그림이 진짜 소나무인 줄 알았던 거예요.

세월이 많이 흘러 솔거의 그림은 색이 바래 갔어요. 하지만 색이 바랬어도 그림 속 소나무는 여전히 진짜 같아서 새들이 날아들어 와 앉으려다 떨어지는 일은 계속되었어요.

어느 날, 마당을 쓸던 한 젊은 스님이 솔거의 그림을 보고 중얼거렸어요.

"색이 너무 희미해져서 보기 안 좋은 걸."

공부가 되는 우리문화유산

　젊은 스님은 그렇게 말하고 솔거가 그린 노송 위에 직접 색을 덧칠했어요. 하지만 그 뒤로 다시는 황룡사 벽화에 새들이 찾아오는 일은 없었어요. 다른 사람의 손길이 닿은 그림은 이제 더 이상 진짜 소나무같이 보이지 않았기 때문이지요. 그만큼 솔거의 그림 실력은 뛰어났던 것이었어요. 하지만 아쉽게도 고려 때 몽고의 침입으로 인해 황룡사가 불타 버리면서 솔거의 아름다운 〈노송도〉도 함께 사라지고 말았어요.

　솔거는 황룡사 벽의 〈노송도〉뿐만 아니라 경주 분황사 〈관음보살상〉, 진주 단속사의 〈유마거사상〉도 그렸어요. 모두 빼어난 그림이었다고 전해지지만 〈노송도〉와 마찬가지로 전쟁통에 모두 불타 버리고 지금은 하나도 남아 있지 않아요.

황룡사

황룡사는 경상북도 경주시 구황동에 있었던 절로 지금은 터만 남아 있어요. 553년 신라 진흥왕 때 공사를 시작해 646년 선덕 여왕 때 완성되었어요. 황룡사 터는 사적 제6호로 지정되어 있어요.

복원된 황룡사 우물 터 모습

황룡사에서 출토된 청동미륵상

황룡사가 있었던 흔적을 보여 주는 당간지주

공부가 되는 우리문화유산

분황사 모전석탑 네 모서리를 지키는 사자 조각상

가상으로 복원한 황룡사의 금당

분황사 종과 목어

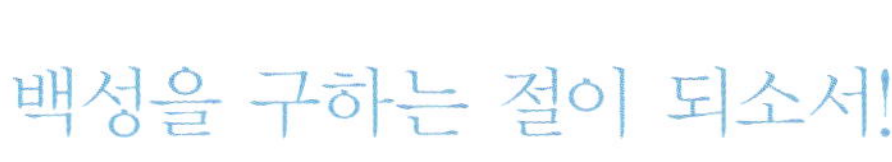

해인사와 팔만대장경

용궁에 다녀온 선비

통일 신라 시대 경상도 합천에 한 선비가 살고 있었어요. 부모로부터 논밭 한 뙈기 물려받은 것이 없었던 선비는 너무나 가난해서 하루 끼니를 잇기도 어려울 정도였어요. 그러나 그와 그의 가족들은 한 번도 가난을 불평을 하는 일 없이 감사하는 마음으로 서로 아끼며 화목하게 살고 있었어요.

그러던 어느 날, 선비가 마루에 앉아 있는데 송아지만 한 개 한 마리가 집 안으로 뛰어 들어오더니 마치 제집에 온 것처럼 마당 한가운데에 떡하니 주저앉는 게 아니겠어요.

‘주인을 잃은 떠돌이 개인가 보구나.’

개를 안쓰럽게 여긴 선비는 자신이 먹을 누룽지를 나눠 주며 집에서 보살폈어요.

어느 날, 선비는 친구를 만나려고 개를 데리고 집 밖으로 나섰어요. 그런데 친구의 집에 거의 다다랐을 즈음, 갑자기 개가

선비의 앞을 가로막고 섰어요.

"아니, 왜 그러는 게냐? 어서 비켜라."

하지만 개는 오히려 선비의 옷자락을 입으로 끌고 꼬리를 흔들어 댔어요.

'오늘따라 이상하구나. 말 못하는 짐승이지만 필시 이유가 있을 것이다.'

선비는 친구 집에 가는 것을 단념하고 개가 이끄는 대로 따라갔어요. 어느덧 개는 널따란 강에 이르자 자신의 등에 업히라는 듯이 선비 앞에 엎드렸어요. 선비가 의아해하며 개의 등에 올라타자마자 개는 한 치의 망설임도 없이 강으로 뛰어들었어요. 선비는 '이제 죽었구나' 생각하며 겁이 나서 개를 부둥켜안았어요. 하지만 개가 물속을 헤엄쳐 도착한 곳은 알록달록한 산호들로 장식된 용궁이었어요. 휘황찬란한 용궁에 정신을 빼앗겨 두리번거리고 있는데 용왕이 나타나 선비를 반겼어요.

"어서 오시오. 그대의 현명함은 익히 들었소. 이곳에서 여섯 달만이라도 머무르며 우리 아들인 태자의 스승이 되어 주지 않겠소?"

해인사 팔만대장경 경판과 인쇄본

阿僧祇百千名號愚夫悉聞各說我名而不
解我如來異名大慧或有眾生知我如來者
有知一切智者有知佛者有知救世者有知
自覺者有知導師者有知廣導者有知一切
導者有知仙人者有知梵者有知毗紐者有
知自在者有 知勝者有知迦毗羅者有知真

용왕의 뜻에 따라 선비는 그날부터 태자에게 글을 가르치기 시작했어요. 태자는 매우 총명하여 하나를 배우면 열을 깨쳤어요. 나날이 성장해 가는 태자를 보며 용왕은 굉장히 흡족해했어요.

"그대의 훌륭한 가르침이 덕분에 태자가 많이 배우고 있소. 오늘 밤은 그대를 위해 연회를 베풀 테니 꼭 참석해 주시오."

이렇게 선비는 용궁에서 아주 극진한 대접을 받았어요. 어느덧 약속한 여섯 달이 지났어요.

"저는 이만 고향에 돌아갈까 합니다."

"벌써 돌아간다니 정말 아쉽구려. 하지만 약속한 여섯 달이 지났으니 어쩔 수 없구려. 오늘은 그대가 무사히 돌아가는 것을 기원하는 송별회를 열겠소."

그날 용왕은 산해진미로 차려진 음식과 향기로운 술로 가득한 연회를 열었어요. 한창 용궁 사람들이 연회를 즐길 때 선비의 옆자리에 앉아 있던 태자가 선비의 귀에 대고 속삭였어요.

"스승님, 만일 용왕께서 어떤 선물을 받기 원하느냐고 물으시면 해인이라는 도장을 달라고 하십시오."

잠시 후, 태자의 말대로 용왕이 다가와 선비에게 물었어요.

"태자를 잘 가르쳐 주었으니 그대에게 선물을 하고 싶구려. 무엇이든 그대가 원하면 다 주겠소."

"용왕님, 다른 건 필요 없고 해인이라는 도장이면 됩니다."

선비의 말에 용왕은 잠시 곤란한 표정을 지었지만 자신이 약속한 대로 해인을 내어 주었어요.

이렇게 해인을 가지고 고향으로 돌아온 선비는 자신의 집과 가족들을 보고 깜짝 놀랐어요. 집은 전에 없이 크고 멋지게 변해 있었고, 가족들 또한 풍족한 생활을 하고 있었기 때문이었어요. 선비가 용궁에 있던 여섯 달 동안 용왕이 그의 가족을 보살폈던 것이었어요. 선비는 그 자리에서 강가 쪽을 향해 무릎을 꿇고 공손히 인사를 드렸어요.

그 뒤로 선비와 가족은 더 이상 굶지 않고 행복한 나날을 보낼 수 있었어요. 하지만 한 가지 궁금한 점이 있었어요. 바로 용궁에서 가져온 해인이라는 도장이었어요.

'겉보기엔 평범한 도장 같은데 도대체 어디에 쓰는 것일까?'

하지만 선비는 알 방법이 없어서 용궁에 다녀온 기념으로 집 안에 고이 모셔 두기로 했어요.

어느 날, 선비의 집에 한 스님이 찾아와 하룻밤 묵기를 청했어요. 그날 밤 선비는 스님과 이런저런 이야기를 하다 자신이 용궁에 다녀온 이야기를 하게 되었어요. 그러자 스님이 물었

신라 제40대 애장왕 때 순응과 이정이라는 스님이 가야산에 초당을 짓고 살았어요. 그때 애정 왕비가 등창이 났는데 순응 스님과 이정 스님이 그 병을 낫게 해 주자 애장왕이 기뻐하며 스님들이 살던 가야산에 절을 짓도록 했어요. 그 절이 바로 해인사예요. 그 뒤로 일곱 번이나 화재로 인해 불타기도 했지만 그때마다 다시 고쳐 지었어요. 세계 문화유산 및 국보, 보물 등 70여 점의 유물이 있는 해인사는 우리나라에서 가장 큰 절로 가야산에 위치해 있어요.

어요.

"용궁에 신비로운 도장이 있다던데 그럼 그것도 구경하셨습니까?"

"신비로운 도장인지는 모르겠으나 용궁에서 도장을 하나 받아 오기는 하였습니다."

"그 도장을 한번 봐도 되겠습니까?"

선비는 흔쾌히 도장을 꺼내 보여 주었어요. 스님은 도장을 유심히 살펴보았어요. 그러더니 갑자기 종이에 붓으로 '금 열 냥'이라 쓰고는 그곳에 도장을 꾹 찍었어요.

그러자 종이가 갑자기 불타 오르는가 싶더니 다 타고 재만 남은 자리에 금 열 냥이 생겨 났어요. 선비가 놀라서 물었어요.

"스님, 이것이 어찌된 일입니까?"

"이 도장은 원하는 것을 종이에 써서 도장을 찍으면 현실로 이루어 주는 물건입니다."

"그, 그렇게 대단한 도장이었습니까?"

"쓰는 방법에 따라 의로울 수도 있고 해로울 수도 있는 도장입니다. 사사로운 일에 사용해선 안 될 것입니다."

"스님, 저는 이 도장으로 제 욕심을 채우고 싶지 않습니다. 백성들을 위한 일에 쓰였으면 좋겠습니다."

해인사의 대적광전

해인사와 팔만대장경

착한 선비의 의견에 따라 두 사람은 백성들을 도울 수 있는 큰 절을 짓기로 했어요. 선비와 스님은 도장을 이용해 가야산 자락의 합천에 커다란 절을 지었어요. '해인'이란 도장의 힘으로 지어졌다 하여 그 이름을 '해인사'라고 했어요.

해인사가 있는 가야산은 홍수와 화재, 전쟁도 침범하지 못한다는 명당으로도 유명했어요. 그래서 조선 시대 태조 임금은 강화도 선원사에 있던 팔만대장경을 안전한 해인사로 옮기도록 어명을 내렸어요. 그 후 해인사에는 몇 번의 화재가 있었지만 팔만대장경판을 보관하던 장경판전은 안전하게 지켜졌어요.

해인사와 팔만대장경

경상남도 합천군 가야면 치인리에 있는 해인사는 화엄 10찰 중 하나로 800년에서 809년 사이, 신라 애장왕 때 만들어진 절이에요. 해인사 안에는 대웅전에 해당하는 대적광전을 포함해 1251년 고려 고종 때 만들어진 팔만대장경을 보관하고 있는 장경판전이 자리잡고 있어요. 팔만대장경은 국보 제32호에 등록되었고 2007년에 그 우수성을 인정받아 유네스코 세계문화유산에 지정되었어요.

공부가 되는 우리문화유산

장경판전 안에 보관된 팔만대장경판

해인사 3층석탑

해인사 동종

통풍을 위해 창 크기를 다르게 만든 장경판전의 살창

문무대왕릉

신비한 용이 준 대나무 피리

"내 목숨도 이제 얼마 남지 않았구나."

병석에 누워 있던 문무대왕은 주위의 신하들에게 조용히 말했어요. 문무대왕의 말에 주변에 있던 신하들은 눈시울을 적셨어요.

"그렇게 슬퍼하지 말거라. 고구려, 백제와의 긴 싸움을 끝내고 삼국으로 갈라졌던 어지러운 나라를 통일했으니 나는 이제 원이 없다. 게다가 사사건건 간섭하던 당나라도 물리치지 않았느냐? 하지만……."

문무대왕은 잠시 눈을 감았어요. 동해 쪽으로 올라와 백성들의 재산을 빼앗아 가는 왜구를 생각하면 화가 나서 손이 부들부들 떨렸어요. 문무대왕은 마음을 진정시키고 다시 입을 열었어요.

"하지만 아직까지도 우리 신라 백성들을 괴롭히는 왜구를

다 해치우지 못한 것이 마음에 걸리는구나."

"아바마마, 그런 걱정은 하지 말고 어서 병석에서 일어나셔야지요."

세자의 진심어린 걱정에 문무대왕은 아들의 손을 꼭 잡으며 말했어요.

"아니다, 내 몸은 내가 잘 안다. 이제 얼마 남지 않았다. 세자, 부탁이 있다. 짐이 죽어도 용이 되어 신라를 지킬 수 있도록 짐을 왜구가 들어오는 동해에 묻어다오. 또한 짐의 몸을 화장하여 장례는 검소하게 치러다오. 임금의 무덤이라고 하지만 무덤에 많은 돈을 낭비할 필요는 없다."

이 말을 들은 신하들은 자신의 귀를 의심했어요. 보통 왕이 죽으면 거대한 언덕처럼 높은 무덤을 만들어 그 안에 온갖 금은보화와 함께 시신을 묻는 것이 신라 왕들의 전통이었어요. 어느 시대를 찾아보아도 왕이 스스로 바다에 묻히고 싶어 하는 경우는 없었어요. 하지만 문무대왕은 백성들의 고통을 생각해 이런 유언을 남긴 것이었어요. 끝까지 백성들을 걱정했던 문무대왕은 이 말을 마치고 얼마 안 가 숨을 거두고 말았어요.

"아바마마의 뜻을 받들어 수중릉을 만들겠다."

공부가 되는 우리문화유산

문무대왕의 뒤를 이어 왕위에 오른 아들 신문왕은 아버지를 위해 동해의 바위섬에 수중릉을 만들기 시작했어요. 장례 역시 문무대왕의 유언대로 검소하게 치렀고 문무대왕의 뼛가루가 담긴 함은 사방이 바다로 둘러싸인 바위에 묻혔어요. 이때부터 이 바위는 '문무대왕릉' 또는 대왕이 묻힌 바위라고 해서 '대왕암'이라 불렸어요.

"유언이라지만 아바마마를 차디찬 바닷속에 묻는 것이 마음은 편치 않구나."

신문왕은 돌아가신 아버지가 걱정되어 문무대왕이 묻힌 대왕암이 보이는 언덕 위에 자주 올라가 살폈어요. 그러던 어느 날이었어요. 평소처럼 언덕 위에 올라가 물끄러미 대왕암을 바라보고 있는데 놀라운 일이 일어났어요. 동해에 작은 산이 떠다니는 것이었어요. 산 모양은 거북이 머리와 비슷하게 생겼는데 그곳에 대나무 한 그루가 서 있었어요.

"이상한 일이구나. 내 직접 가 봐야겠다."

신문왕이 배를 타고 바다에 떠 있는 작은 산으로 들어가 대나무를 자세히 살펴보니 낮이면 둘로 갈라지고 밤이 되면 하나

용이 된 문무대왕이 드나들 수 있도록 만든 감은사 터 지하의 배수 시설 흔적

공부가 되는 우리문화유산

로 합쳐지는 신기한 대나무였어요. 그때 바다에서 용 한 마리가 나타나 말했어요.

"한 손으로는 박수를 칠 수 없지만 두 손이 마주치면 박수 소리가 나는지라. 이 대나무도 합해지면 소리가 날 것이니, 이 대나무를 합쳐 피리를 만들어 불면 천하가 태평해질 것이다."

이 말을 남기고 용은 어디론가 사라져 버렸어요.

"꿈이라도 꾼 것 같구나."

신문왕은 용의 말대로 대나무를 합쳐 피리를 만들었어요. 그 피리를 불었더니 놀랍게도 적군이 물러나고 바람과 파도도 잔잔해지며 병도 씻은 듯이 나았어요. 그뿐만이 아니었어요. 가뭄일 때 피리를 불면 비를 내리게 하고 홍수가 날 때는 비를 그치게 하여 백성들을 살기 편하게 만들어 주었어요.

신문왕은 이 신비한 피리를 나라의 보물로 정하고, 세상의 걱정을 없애고 평안하게 한다는 뜻을 가진 '만파식적'이라고 불렀어요.

"이게 다 문무대왕의 큰 은혜 덕분이다."

감은사는 경주 동해안에 있는 절로 지금은 절이 사라지고 3층 석탑만 남아 있어요. 그래서 감은사지라고 많이 불러요. 신라 문무대왕은 바닷가에 절을 세워 부처의 힘으로 왜구를 무찌르려 했어요. 하지만 절을 다 완공하지 못하고 세상을 떠났어요. 그러자 681년 아들 신문왕이 아버지 문무대왕의 뜻을 받들어 절을 완공하고 아버지의 은혜에 감사하는 절이라 해서 이름을 감은사라 했어요. 이때 절을 지으면서 절 아래쪽에 구멍을 파서 길을 내어 용으로 변한 문무대왕이 드나들 수 있도록 하였어요. 이 절은 황룡사, 사천왕사 등과 함께 나라를 지키는 호국의 절로 손꼽혀요.

신문왕은 신라를 지켜 주는 문무대왕에게 감사하는 뜻으로 대왕암이 보이는 동해 주변에 절을 짓고 그 이름을 '감은사'라 했어요.

"잊지 말고 대왕암이 보이는 동쪽으로 구멍을 내어 두거라."

문무대왕이 동해의 용이 되어 감은사에 들어올 수 있도록 하기 위해서였어요. 지금 감은사는 불에 타서 없어지고 터만 남아 있지만 그 구멍은 감은사 터에서 찾아볼 수 있어요.

문무대왕릉
경상북도 경주시 양북면 봉길리 앞 바다에 위치하고 있어요. 681년 통일 신라 문무대왕이 죽고 나서 만들어진 수중왕릉으로 사적 제158호에 지정되었어요.

공부가 되는 우리문화유산

감은사는 없어지고 감은사 터 앞뜰에 국보 제112호 감은사지 3층석탑만 남아 있다.

문무대왕릉

대릉원 미추왕릉

적군을 물리친 대나무 병사들

23년이라는 긴 세월 동안 신라를 다스렸던 미추왕은 늙고 쇠약해져서 병석에 앓아누웠어요.

"아직 내 나라를 위해 못한 일이 많은데 살날이 얼마 남지 않았구나."

"전하, 그런 말씀 마시옵소서."

신하들이 슬퍼하자 미추왕은 조용히 말했어요.

"그렇게 슬퍼하지 말거라. 내 죽어서도 이 나라를 지킬 것이니 말이다."

결국 얼마 못가 미추왕은 세상을 떠나고 말았어요. 끝까지 나라의 안위를 걱정했던 미추왕은 죽어서 흥륜사 동쪽에 묻혔어요. 그리고 제13대 왕이었던 미추왕의 뒤를 이어 유례왕이 신라 제14대 임금이 되었어요.

유례왕이 왕위에 오른 지 14년째인 297년, 신라에 큰 위기 신라 시대의 옛 무덤인 천마총은 정확히 누구의 무덤인지는 몰라요. 발굴 당시 그 안에서 하늘을 나는 말을 그린 그림인 〈천마도〉가 나왔다고 천마총이라고 불려요. 천마총에서는 〈천마도〉뿐만 아니라 어마어마한 양의 유물이 발굴되었어요. 그래서 신라 시대 당시의 문화를 제대로 이해하는 데 큰 도움을 주었어요. 여기서 발견된 금관은 금의 성분이 우수하고 그 모양 또한 아름다워서 국보로 지정되었어요. 특히 〈천마도〉는 유일하게 발견된 신라 시대 회화 작품으로 그 의미가 더욱 커요.

가 닥쳤어요.

"전하! 큰일 났습니다. 이서국이 몰려오고 있습니다!"

이서국은 경상북도 청도를 중심으로 세력을 넓혀 가고 있던 작은 나라였어요. 이서국이 세력을 넓히기 위해서 나라 안의 모든 군대를 동원해 신라를 공격한 것이었어요. 비록 이서국은 작은 나라였지만 목숨을 걸고 죽자 사자 덤비는 이서국의 결사대를 물리치기란 여간 힘든 일이 아니었어요. 이서국과의 싸움을 쉽게 생각했던 유례왕은 걱정이 되어 신하들을 불러 물었어요.

"생각보다 싸움이 길어질 것 같은데 이게 어찌된 일이냐?"

"전하, 우리 신라의 군대가 밀리는 상황이옵니다. 이대로 가다간 경주가 함락될지도 모르옵니다."

"그게 무슨 소리냐, 경주까지 위험하다니. 이 일을 어찌하면 좋단 말이냐!"

유례왕은 어찌할 바를 모르고 한탄을 했어요. 전쟁터에서 싸우는 신라 병사들도 점점 힘이 빠져 갔어요. 모두들 이제 경주를 빼앗길 거라고 포기하던 찰나였어요.

1만 1,500여 점의 유물이 발굴된 천마총

"원군이다! 원군이 나타났다!"

갑자기 어디선가 병사들이 나타난 것이었어요. 귀에 대나무 잎사귀를 꽂고 승리의 눈빛으로 불타는 병사들은 차례차례 적군을 쓰러뜨렸어요. 갑작스럽게 등장한 대나무 병사들에 당황한 이서국 병사들은 우왕좌왕하며 어찌할 바를 몰랐어요. 이때를 놓치지 않고 신라 병사들은 전열을 가다듬고 대나무 병사들과 힘을 합쳐 이서국 병사들을 신라에서 몰아냈어요.

마침내 싸움에서 승리하여 신라를 지켜낸 신라 병사들은 크게 기뻐했어요. 유례왕도 기뻐하며 말했어요.

"우리를 도와준 그 훌륭한 병사들이 어디에서 온 병사들인지 꼭 알아 오너라. 반드시 사례를 하고 싶다."

하지만 싸움이 끝나자 대나무 병사들은 흔적도 없이 사라지고 보이지 않았어요. 신라 병사들이 대나무 병사들의 흔적을 찾아 이곳저곳을 찾아다니다가 다다른 곳은 바로 미추왕이 묻혀 있는 왕릉 앞이었어요.

신라 병사들은 주위를 두리번거리다 무언가를 발견하고 소리쳤어요.

"이걸 좀 보게. 능 앞에 대나무 잎이 쌓여 있네."

"우릴 도와줬던 병사들이 귀에 꽂고 있던 것 아닌가?"

"그 대나무 병사들은 미추왕의 혼령이 보낸 게 틀림없네."

신라 병사들은 죽어서도 신라를 지키기 위해 병사들을 보내 준 미추왕에게 큰절을 올리며 감사했어요. 그 뒤로 미추왕릉을 대나무 잎을 꽂은 병사들이 나타난 능이라고 해서 '죽현릉'이라고 부르게 되었어요.

이렇게 무덤에서도 신라를 지켰던 미추왕의 능은 지금 신라 왕들의 능이 모여 있는 대릉원에 잘 보존되어 있어요.

대릉원이란 이름은 '미추왕을 대릉에 장사지냈다'는 『삼국사기』의 기록에서 따왔어요. 대릉원에는 신라 시대의 왕과 왕비, 귀족 등의 무덤 23기가 모여 있어요. 고분은 경주 황남동의 평지에 자리 잡고 있으며 다양한 형태와 크기로 신라 무덤의 중요한 연구 자료가 되고 있어요. 대릉원에는 미추왕릉, 황남대총, 천마총 등이 있으며 2000년 유네스코 세계문화유산으로 지정되었어요.

대릉원 미추왕릉

경상북도 경주시 황남동의 대릉원 안에 자리 잡고 있는 미추왕릉은 284년 신라 미추왕이 죽은 후 만들어졌고 사적 제175호로 지정되어 있어요.

대나무 잎을 꽂은 병사들이 나타난 죽현릉

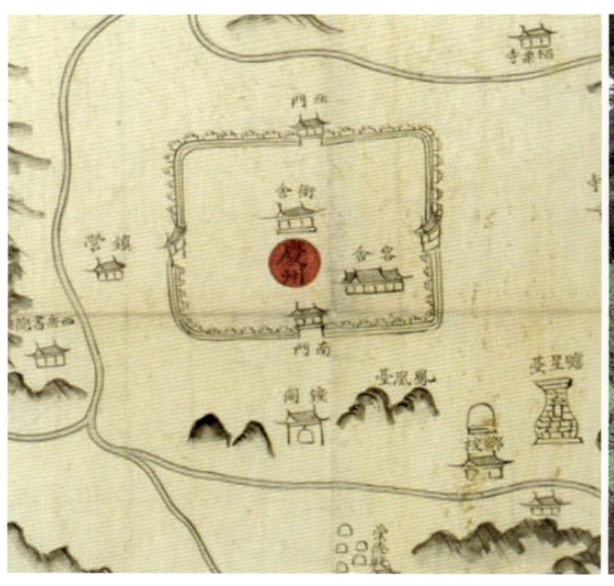

18세기의 경주 지도. 빨간 원 안에 경주라 적혀 있다.

김유신 장군 묘로 가는 길의 흥무문

공부가 되는 우리문화유산

말의 안장 양쪽에 다는 장니에 그려진 국보 제207호 〈천마도〉

천마총에서 출토된 국보 제189호 금 모자

천마총에서 발견된 신라의 금관

운주사 천불천탑

누워 있는 와불의 전설

도선 국사는 높은 곳에서 우리나라 땅들을 살펴보며 걱정스러운 듯 중얼거렸어요.

"나라의 모양이 이상하구나! 이러다 나라에 큰일이 생기겠군. 빨리 무슨 수를 써야 할 텐데……."

도선 국사는 산과 강 등 자연의 모습을 살펴 땅의 좋은 기운과 나쁜 기운을 잘 아는 신라 말의 유명한 스님이었어요. 그런 도선 국사가 우리나라 지형을 보고 한숨을 내쉬었어요. 넓은 평야가 많은 서쪽에 비해 동쪽은 바다를 따라 태백산맥이 높게 자리 잡고 있었어요. 땅이 고르지 못하고 나라 전체가 산이 많은 동쪽으로 기울어져 있었던 것이에요.

'이대로 두었다간 우리의 좋은 기운이 다 일본으로 빠져 나갈 위험에 처할 것이다. 이걸 막는 좋은 방법이 없을까?'

도선 국사는 밤낮으로 고민을 한 끝에 한 가지 방법을 찾아

냈어요. 그것은 좋은 땅에 천 개의 불상과 천 개의 탑을 쌓아
정성을 다하는 것이었어요. 도선 국사는 그 다음 날부터 바로
천불천탑을 쌓을 수 있는 좋은 땅을 찾아 다녔어요. 하지만 천
불천탑을 세울 만한 마땅한 땅을 찾을 수가 없었어요.

'하루라도 빨리 탑과 절을 세워야 할 텐데…….'

어느 날 밤, 그날도 나라를 걱정하던 도선 국사는 깜빡 잠이
들고 말았어요. 그런데 꿈속에 칠성님이 나타나 말했어요.

"나라를 생각하는 네 정성이 갸륵하구나."

도선 국사는 깜짝 놀라 칠성님 앞에 엎드렸어요. 칠성님은
농사를 풍요롭게 해 주고 아들을 정해 주기도 하는 신이었어
요. 칠성님은 인자하게 웃으며 도선 국사에게 말했어요.

"그런 네 모습을 보아 천불천탑을 세울 땅을 알려 주마. 남
쪽으로 내려가면 화순에 천불산이란 산이 있을 것이다. 그 산
에 절을 세우고 천불천탑을 쌓으면 네가 원하는 대로 나라를
구할 수 있을 것이다."

도선 국사는 칠성님께 감사하며 절을 올렸어요. 그 순간, 칠
성님은 사라지고 도선 국사는 잠에서 깨어났어요.

'지금 이렇게 자고 있을 때가 아니구나.'

한밤중이었지만 도선 국사는 나갈 채비를 서둘렀어요.

"동자승아, 어서 천불천탑을 세우러 가자!"

잠결에 일어난 동자승은 도선 국사와 함께 구름을 타고 화

순으로 날아갔어요. 칠성님이 가르쳐 준 화
순은 우리나라 남쪽에 있어 일본과 가까웠고
땅이 기름져서 절을 세우기에 안성맞춤이었
어요.

"과연 천불천탑을 세우기에 알맞은 곳이구
나!"

도선 국사가 칠성님께 감사 기도를 올리자
어느새 칠성님이 나타나 도선 국사 앞에 서
있는 것이었어요.

"도선아, 천불천탑 세우는 일은 새벽 첫닭
이 울기 전까지 마쳐야 한다. 대신 내가 너를
도와줄 거북이 한 마리를 내리겠다. 명심하
거라. 새벽 첫닭이 울기 전까지다."

그 말을 마친 칠성님은 사라졌고 그 자리에 거북이 한 마리
가 남아 있었어요. 도선 국사는 다시 한 번 칠성님께 감사를
드리고 동자승에게 말했어요.

"동자승아, 나는 거북이와 천불천탑을 세울 것이니, 너는 시
간을 보거라. 북두칠성이 다시 제자리로 돌아올 때 새벽 첫닭
이 울 것이니 내가 시간을 묻거든 알려 다오."

그러고는 도선 국사는 거북이와 함께 천불천탑을 세우기 시
작했어요. 거북이가 신통한 재주를 부려 좋은 돌들을 모아 오

운주사가 세워진 것에 대해 많
은 설화가 전해 오지만 그중에서
도 도선 국사가 지었다는 이야기
가 가장 널리 알려져 있어요. 운
주사는 1592년 임진왜란으로 많
은 석불과 석탑이 훼손되었다가
1918년에 수리되었어요. '운주사'
란 이름을 갖게 된 것은 풍수지
리상 절이 세워진 곳이 움직이는
배 모양의 땅이라는 데서 비롯되
었어요.

공부가 되는 우리문화유산

면 도선 국사는 석탑과 석불을 깎았어요. 도
선 국사와 거북이가 정신없이 일을 하고 있
을 때 동자승은 이 시간이 너무 지루했어요.

'한밤중에 영문도 모르는 곳까지 왔는데,
이제는 북두칠성을 보라니 이게 뭐람? 빨리
안 끝나려나? 어서 절로 돌아가 잠이나 푹 자
고 싶다.'

동자승은 잠도 못 자고 시간만 보고 있어
야 하는 것에 너무나 짜증이 났어요.

시간이 얼마나 지났을까요? 이제 누워 있
는 석불만 일으키면 모든 것이 끝나게 되었
어요. 도선 국사는 나라를 구할 수 있다는 기
쁜 마음에 안도의 한숨을 쉬며 동자승에게
북두칠성이 어디까지 왔는지를 물었어요. 꾸
벅꾸벅 졸고 있던 동자승은 빨리 돌아가고
싶은 마음에 그만 거짓말을 했어요.

"스님, 북두칠성도 제자리에 왔고, 첫닭도
울었습니다! 이제 어서 돌아가요."

그 순간, 열심히 일하고 있던 거북이가 연기처럼 사라져 버
렸어요. 도선 국사도 시간을 지키지 못한 것으로 알고 그 자리
에 주저앉아 한탄을 했어요.

운주사 서쪽 산 능선에는 거대
한 두 개의 와불이 있어요. 와불
이란 누워 있는 불상이라고 붙
여진 말이에요. 이 두 개의 와불
중 앉아 있는 모습의 불상은 크
기가 12.7미터이고 서 있는 모습
의 불상은 10.26미터로 아주 큰
불상이에요. 천불천탑 중 가장
마지막에 만들다가 완성되지 못
한 채 남아 있는 것이 이 두 개
의 와불이라고 해요. 우리 조상
들은 '이 1,000번째 와불이 일어
나는 날' 산의 정기를 받아 새로
운 세상이 온다고 믿었어요. 운
주사의 와불은 세계에서 단 하나
밖에 없을 정도로 독특한 형태예
요. 언제 만들어졌고 왜 만들어
졌는지 아직도 다 밝혀지지 않은
신비스러운 유적이기도 해요.

'천불천탑도장'이라고 적혀 있는 운주사 일주문

"모든 게 물거품이 되어 버리고 말았구나! 우리나라의 정기가 일본으로 다 빠져나갈 텐데 이걸 어찌하면 좋단 말인가."

도선 국사는 나라를 구하지 못했다는 죄책감에 구름을 타고 어디론가 사라져 버리고 말았어요.

동자승의 거짓말 때문에 천불천탑을 완성하지 못한 탓인지 결국 우리나라는 1592년 임진왜란이 일어나 7년간 일본과 전쟁을 해야 했고 그 후 1910년부터 1945년까지 일본의 식민지 지배를 받아야 했어요.

운주사 천불천탑
전라남도 화순군 도암면 대초리 천불산에 남아 있는 운주사는 800년대 즈음, 고려 시대에 만들어진 걸로 추정되고 있어요. 현재 사적 제312호로 지정되었어요.

돌집 안에 두 석불이 등을 마주 대고 있는 석조불감

천불산에서 본 운주사

다양한 모습을 하고 있는 운주사 석불들. 현재 석불은 80여 개만이 남아 있다.

운주사의 명당탑

공부가 되는 우리문화유산

도선 국사가 천불천탑을 만드는 과정을 그린 대웅전 벽화

운주사의 원형구형탑

보물 제796호 9층석탑

운주사 동종

운주사 천불천탑

수원 화성

과거에 급제한 농부 선비

"아들아!"

정조는 깜짝 놀라 잠에서 깨어났어요. 꿈에서 돌아가신 아버지를 보았기 때문이었어요. 정조의 아버지는 뒤주 속에서 비참하게 죽은 사도세자였어요.

효심이 지극했던 정조는 돌아가신 아버지의 명예를 회복하기 위해 많은 노력을 했어요. 사도세자의 묘도 좋은 곳으로 옮기고 묘 주변에 화성이라는 도시를 만들었어요. 그리고 매년 빠지지 않고 사도세자의 묘를 찾아가기도 했어요.

그것뿐만이 아니었어요. 정조는 왕위에 오르지 못하고 죽은 아버지에게 임금의 칭호를 주려고 했어요. 하지만 신하들의 거센 반대 때문에 쉽게 이루어지지 않았어요.

'아바마마의 묘에 가 봐야겠구나.'

답답한 마음에 정조는 사도세자의 묘가 있는 안녕리로 향했어요. 하지만 자신의 정체를 숨기기 위해 남루한 옷을 입고 나그네처럼 변장했어요.

사도세자의 묘로 향하던 도중, 날이 더워 정조는 나무 그늘로 들어가 잠시 쉬고 있었어요. 그때 정조의 눈에 밭에서 일을 하는 농부가 보였어요. 정조는 백성들이 사도세자의 묘에 대해 어떤 생각을 하고 있을지 궁금했어요. 정조는 멀리 보이는 사도세자의 묘를 가리키며 모르는 척 농부에게 물었어요.

"이보시오, 말 좀 묻겠네. 저기 보이는 저 무덤은 누구의 무덤인가?"

열심히 밭을 갈고 있던 농부는 정조의 물음에 땀을 닦고는 다가와 대답했어요.

"이곳이 처음인 모양이로구먼. 저곳은 뒤주대왕의 애기능이라오."

"뒤주대왕? 그게 누구요?"

농부의 대답에 정조는 왜 뒤주대왕이라고 부르는지 알고 싶어서 되물었어요. 농부는 손에 묻은 흙을 털고 나무 그늘에 들어와 말했어요.

"이것 참, 세상 물정에 어두운 양반이로군. 사도세자께선 어지러운 정치에 휘말려 돌아가셨잖소. 뒤주 속에서 억울하게

화성 장안문의 야경

많은 힘을 들이지 않고 쉽게 큰 돌을 쌓을 수 있도록 도와준 거중기

공부가 되는 우리문화유산

죽임을 당하지만 않았어도 임금이 되셨을 거라오. 그러니 뒤주대왕이지 않겠소. 그리고 보통은 임금의 산소를 능이라 부르지 않소? 하지만 뒤주대왕은 임금이 되지 못하고 돌아가셨으니 애기능이라 부른다오."

이 말을 듣고 정조는 내심 크게 기뻤어요. 농부의 말은 정조의 아버지인 사도세자를 임금으로 인정하고 있다는 뜻이었으니까요. 신하들의 반대로 사도세자를 임금으로 올리지 못하고 있던 답답한 마음이 조금 가시는 것 같았어요.

정조는 농부에게 고마운 마음이 들어 답례를 하고 싶었어요. 정조는 농부에게 넌지시 물어보았어요.

"말하는 걸 보아하니 꽤나 공부한 선비 같은데 글은 얼마나 읽었소?"

정조의 물음에 농부는 눈을 감더니 사서삼경을 줄줄 외는 것이었어요. 정조가 깜짝 놀라 말했어요.

"아니, 이렇게 놀라운 실력을 갖고 있으면서 왜 여기서 밭을 갈고 있소?"

"나도 처음부터 밭 갈고 소여물 주는 생활을 했던 건 아니라오. 전에 과거도 여러 번 보았으나 운이 안 따라 주는지 번번이 낙방했소. 이제 관직에 나가는 건 포기했다오."

정조는 농사 일을 하는 선비에게 답례를 해 줄 좋은 방법이 생각났어요. 정조는 선비에게 말했어요.

"이보게, 그 실력이 너무 아깝구려. 그러지 말고 과거 시험을 봐 보게나. 어쩌면 붙을지도 모르지 않나?"

"실력이 있다 한들 어차피 또 떨어질 텐데 뭐 하러 한양까지 가겠소?"

"그래도 마지막이라 생각하고 한번 해 보는 건 어떤가?

정조의 말에 선비는 잠시 생각해 보더니 알겠다며 고개를 끄덕였어요. 그리하여 정조는 가벼운 마음으로 궁에 돌아와 과거 시험을 열라는 명령을 내렸어요.

얼마 후, 궁에서 열린 과거 시험을 보러 간 선비는 과거 시제를 받아 보고 깜짝 놀랐어요. 과거 시험의 문제가 사도세자 묘 근처에서 있었던 나그네와의 대화를 적으라는 내용이었기 때문이에요.

'이상하다, 이 일은 얼마 전 있었던 일 아닌가?'

선비는 이상하게 생각했지만 답을 적어 내려갔어요. 결국 선비는 과거 시험에 붙게 되었어요.

공부가 되는 우리문화유산

과거에 급제한 선비는 정조에게 인사드리러 가게 되었어
요. 임금님을 실제로 만난다는 생각에 선비는 잔뜩 긴장하여
고개를 푹 숙이고 정조 앞에 나갔어요.

"고개를 들라."

정조의 목소리에 선비는 고개를 들었어요. 그리고 정조의
얼굴을 본 순간 깜짝 놀랐어요. 사도세자의 묘 앞에서 만났던
허름한 나그네가 바로 정조였던 것이었어요. 정조는 빙긋 웃
으며 선비에게 말했어요.

"기억하는가? 전에 만났던 나그네가 바로 나일세. 그대의
말이 내게 큰 힘이 되었다네."

"저, 전하. 성은이 망극하옵니다."

한때 농부였던 선비는 정조에게 깊이 감사하며 큰절을 올렸
어요.

수원 화성

경기도 수원시 팔달구 행궁길에 있는 수원 화성은 1793년 조선 후기 정조 때 착공하
여 1796년 9월 10일에 창건되었어요. 사적 제3호에 지정되었고 1997년 유네스코 세
계문화유산에 지정되었어요.

110

공부가 되는 우리문화유산

수원 화성 성벽

홍수를 대비했던 화홍문

경복궁

하늘이 정해 준 땅

조선의 첫 임금이 된 태조 이성계는 어느 날 무학 대사를 불러

말했어요.

"새 나라를 세웠으니 도읍지도 새로운 곳으로 정해야 하지

않겠소? 그러니 그대가 새 도읍이 들어설 명당자리를 알아보
시오."

　이성계의 명령을 받은 무학 대사는 명당자리를 찾기 위해
그날로 길을 떠났어요. 가장 먼저 향한 곳은 신령스러운 산으
로 이름이 나 있는 계룡산이었어요. 무학 대사는 계룡산 이곳
저곳을 살폈지만 아직 도읍지가 되기에는 이르다는 것을 깨닫
고 발길을 북쪽으로 돌렸어요. 하지만 마땅한 곳이 눈에 들어
오지 않았어요. 들이 넓게 펼쳐져 있는 곳을 찾았다 싶으면 주
변에 강이 흐르지 않았고, 물이 풍부한 곳을 찾으면 산세가 너

무 험난했어요.

한참을 헤매다 다른 산에 도착한 무학 대사는 주변을 둘러보고 한숨을 내쉬었어요.

'이곳도 아니구나.'

그날도 아무런 성과가 없었지만 이미 날이 어두워져 더 이상 찾을 수 없었어요. 하는 수 없이 근처에 있는 봉은사에서 하룻밤을 묵기로 했어요.

다음 날 아침, 일찍 절을 나선 무학 대사는 한강에 다다랐어요. 나루터에 가 보니 배 한 척이 있었어요. 무학 대사는 그 배를 타고 한강을 건넜어요. 강 건너편에는 놀랍게도 넓은 들이 펼쳐져 있었어요. 넓은 들과 깨끗한 강이 있는 그곳을 둘러보고 무학 대사는 흡족해했어요.

'여기로구나, 여기야말로 새로운 도읍지로 안성맞춤이다.'

무학 대사가 만족스럽게 지형을 살피고 있는데 웬 백발노인이 소를 타고 지나가며 중얼거렸어요.

"이랴, 이랴! 에잇, 이놈의 소는 제 갈 곳도 모르고 미련한 게 꼭 무학을 닮았구나."

그 말을 들은 무학 대사는 깜짝 놀라서 노인을 쳐다보았어요. 하지만 노인은 모르는 척 계속해서 무학에게 들으라는 듯 소를 꾸짖었어요.

"좋은 곳은 놔두고 어리석게 엉뚱한 곳만 헤매고 있느냐?"

무학 대사는 그 노인이 범상한 사람이 아니라고 생각했어요. 무학 대사는 머뭇거리다가 노인에게 다가가 물었어요.

"어르신, 제 이름이 무학이온데, 혹시 저를 두고 하시는 말씀입니까? 제가 도읍이 될 명당자리를 찾고 있습니다만, 혹시 좋은 터를 아시는지요."

하지만 노인은 못 들은 척 소를 타고 가던 길을 계속 가려 했어요. 다급해진 무학 대사는 그 자리에 넙죽 엎드려 절을 하며 말했어요.

"어르신, 부디 가르쳐 주십시오!"

그제야 노인은 소를 멈춰 세우고 손가락으로 동북쪽을 가리키며 말했어요.

"여기서 10리만 더 가게."

노인이 그렇게 말하고 소를 다시 몰기 시작하자, 무학 대사가 급히 물었어요.

"어디 사는 누구신지 말씀해 주십시오. 꼭 감사의 인사를 드리고 싶습니다."

"무학봉에 사는 늙은이라고만 알아 두게."

노인은 그 말을 남긴 채 홀연히 안개 속으로 사라졌어요.

노인의 말에 따라 무학 대사는 그곳에서 동북쪽으로 10리를 더 걸었어요. 과연 그곳은 도읍지가 되기에 부족함이 없는 곳이었어요.

“이런 곳이 있었다니! 산으로 안전하게 둘러싸인 데다 넓은 들에 큰 강까지 있어 도읍지로 더할 나위가 없다. 게다가 경관까지 아름답구나.”

그곳은 지금의 경복궁이 있는 자리인 북악산 아래였어요. 무학 대사는 조선의 도읍지가 될 명당자리를 그곳으로 정하고 노인에게 감사를 표시하기 위해 무학봉으로 올라갔어요. 하지만 그곳에는 작은 암자만 있고 노인은 보이지 않았어요. 다만 한 노인의 초상화만 모셔져 있을 뿐이었어요.

“아, 이 분은!”

무학 대사는 깜짝 놀랐어요. 바로 그 노인은 신라 말 풍수지리설의 대가인 도선 국사였던 것이에요. 도선 국사는 고려의 수도를 개성으로 정한 적도 있는 매우 덕망 높은 스님이었어요. 오래전 죽은 도선 국사가 무학 대사에게 명당자리를 알려

국가적인 의식을 치른 경복궁의 중심, 국보 제223호 근정전

경복궁 안쪽의 첫번째 문, 흥례문

공부가 되는 우리문화유산

주기 위해 잠시 나타났던 거예요.

그 후 무학 대사가 도선 국사를 만난 곳을 '왕십리'라고 불렀어요. '갈 왕(往)' 자에 '십리(十里)'를 써서 '10리를 더 가라'는 뜻이었어요.

태조 이성계는 무학 대사의 말대로 왕십리에서 10리 떨어진 북악산 아래로 도읍을 옮겨 경복궁을 지었어요. 이렇게 조선 시대의 역사는 새로운 도읍지에서 시작하게 되었어요.

경복궁
광화문과 더불어 많은 문화재가 있는 경복궁은 서울특별시 종로구 세종로에 있어요.
1395년 조선 태조 이성계 때 창건된 경복궁은 사적 제117호로 지정되어 있어요.

하늘에서 본 경복궁 전체 모습

경복궁의 정문인 광화문 앞에서 열린 전통 행사

공부가 되는 우리문화유산

외국 사신들을 초대하거나 연회를 열 때 사용하던 국보 제224호 경회루

조선을 세운 태조 이성계

창경궁

뒤주에 갇혀 죽은 세자

"아바마마, 잘못했습니다!"

장헌세자의 울음소리가 창경궁의 선인문 안 휘령전에 울려 퍼졌어요.

"듣기 싫다. 어서 스스로 목숨을 끊지 못하겠느냐?"

영조는 무릎을 꿇고 울고 있는 장헌세자에게 호통을 쳤어요. 주변에 있던 신하들도 영조의 눈치만 보며 침만 꼴깍 삼키고 있었어요. 잘못 나섰다가는 영조의 노여움을 사 죽을 수도 있었기 때문이었어요.

영조가 처음부터 장헌세자를 미워했던 건 아니었어요. 늦은 나이에 얻은 아들인 데다가 총명하기까지 해서 영조는 이를 기쁘게 생각하며 장헌세자가 훗날 좋은 임금이 될 거라고 믿고 있었어요. 하지만 장헌세자는 나이 들어갈수록 한 가지

정조는 사도세자의 아들이에요. 할아버지 영조는 사도세자를 죽게 만든 것이 못내 미안했던지 자신을 이을 후계자로 손자 정조를 지목했어요. 하지만 정조의 아버지 사도세자를 죽음으로 몰아넣은 세력은 정조가 임금이 되면 자신들의 목숨이 위태로워질 거라 생각해서 몇 번이나 정조를 죽이려고 했어요. 그래서 어린 정조는 늘 언제 닥쳐올지 모르는 죽음의 공포에 떨어야 했지만 이를 잘 이겨내고 결국 조선의 제22대 임금 자리에 올랐어요.

문제가 생겼어요. 그 당시 신하들은 노론과 소론으로 나뉘어 있던 상태였어요. 영조는 노론을 지지하고 있었지요. 하지만 장헌세자의 의견은 달랐어요. 소론의 의견이 옳다고 생각하는 쪽이었어요.

노론파 신하들은 장헌세자의 생각을 알고 걱정하기 시작했어요.

"장헌세자가 우리 노론이 아닌 소론 편을 들고 있다고 합니다."

"이러다가 장헌세자가 왕이 되면 우리 목숨이 위험해지는 게 아닌가 모르겠습니다."

"그럼 그 전에 위험한 싹을 없애야겠지요."

노론을 지지하는 신하들은 한 가지 꾀를 내었어요. 노론파들은 영조에게 달려가 말했어요.

"전하, 장헌세자의 행동이 요새 좀 이상합니다. 매일 놀러 다니고 술에 빠져 지내는 것 같습니다."

"얼마 전에는 담을 넘어 궁 밖으로 나갔다 하옵니다."

노론파들은 장헌세자가 조금이라도 잘못한 게 있으면 뭐든지 크게 부풀려서 영조에게 일러바쳤어요. 영조는 이 말을 듣고 혀를 끌끌 찼어요.

“도대체 세자는 어찌 되려고 그런단 말인가? 당장 세자를 불러오너라.”

영조는 장헌세자가 잘못한 일이 있으면 하나하나 나무랐어요. 모든 행동을 지적받다보니 장헌세자는 궁궐 안 생활이 너무 힘들게 느껴졌어요. 이때부터 영조와 장헌세자 사이가 조금씩 벌어지기 시작했어요.

“세자고 뭐고 다 그만두고 싶구나.”

장헌세자는 자주 한숨을 내쉬었고 공부도 멀리하게 되었어요. 우울증에 걸린 장헌세자는 결국 궁녀들과 내시들까지 죽이는 사건을 터뜨리고 말았어요.

“세자가 이젠 미쳤구나!”

노론파 신하들에게 장헌세자의 엉망진창인 행실을 전해 들은 영조는 화가 났어요. 장헌세자가 자신과 반대되는 소론을 지지하는 것부터 전부 다 마음에 들지 않았지요. 노론파 신하들은 장헌세자와 영조의 사이가 갈라지는 것을 보고 안심했어요.

“이제 다시 우리 노론파가 권력을 잡을 수 있겠군요.”

“아직 안심하기는 이릅니다. 완전히 장헌세자의 세력을 없애 버려야 합니다.”

장헌세자가 스물여덟 살이 되던 해, 영조에게 알리지도 않고 지방을 다녀온 사건이 터졌어요. 노론파 신하들은 이때구

왕이 집무를 보던 위봉전(운정전) 내부.

나 싶어 영조에게 달려가 말했어요.

"장헌세자의 행동은 전하를 무시한 걸로 밖에 보이지 않습니다."

"이것이 반역이 아니고 무엇이겠습니까?"

노론파 세력들이 영조의 화를 돋웠고 영조는 화가 머리끝까지 치밀어 올랐어요.

"당장 세자를 휘령전으로 불러내라!"

결국 장헌세자는 휘령전 앞에서 무릎을 꿇고 영조에게 잘못했다고 빌게 되었어요. 하지만 영조의 화는 쉽게 가라앉지 않았어요.

"너는 이제 임금이 될 자격이 없다. 네가 죽어야만 나라가 평안할 것이니 세자라는 이름을 더럽히지 않으려거든 당장 자결하거라."

영조의 불호령을 들은 장헌세자는 놀라서 싹싹 빌었어요.

"아바마마, 제발 한 번만 살려 주십시오. 제가 잘못했습니다."

장헌세자의 신하들도 영조의 말을 듣고 깜짝 놀랐어요. 혹시라도 영조의 마음을 돌릴 수 있을까 하는 생각에 영조의 손자이자 장헌세자의 아들인 왕세손을 휘령전으로 들여보냈어요. 어린 왕세손은 조그만 손을 비벼가며 간청했어요.

"할바마마, 아비를 용서하시고 살려 주옵소서."

영조는 조선 시대 임금 중 가장 오래 살았어요. 지금의 나이로도 적지 않은 여든세 살의 나이로 세상을 떠났어요. 그러다 보니 임금으로 있었던 기간은 무려 52년이었어요. 52년 동안 임금으로 있으면서 영조가 가장 신경을 쓴 정책이 바로 탕평책이었어요. 탕평책이란 신하들이 서로 파벌을 나누어 싸우지 못하도록 만들기 위해 골고루 벼슬을 나누어 주면서 나라를 위해 힘쓰도록 한 정책을 말해요. 하지만 그런 영조도 파벌을 나누어 싸우는 당쟁을 완전히 뿌리 뽑지는 못했어요.

"어서 왕세손을 내보내거라."

영조는 마음이 약해질 것 같아 왕세손을 밖으로 내보내고 아들 장헌세자에게 말했어요.

"네가 끝까지 자결하지 않겠다면 내게도 방법이 있다. 여봐라, 뒤주를 가져오너라."

텅 빈 뒤주를 가져오게 한 영조는 장헌세자를 뒤주 속에 가두고 직접 큰 쇠못을 내리쳐 박았어요. 그것도 모자라 널빤지를 대고 못을 쳐 단단히 막아 버렸지요.

"아바마마, 제발 살려 주옵소서. 아바마마!"

장헌세자가 울부짖으며 간청했지만 영조는 단호하게 뒤주 속에 갇힌 장헌세자를 남겨 두고 휘령전을 나섰어요. 장헌세자의 절규는 계속되었지만 어느 누구도 감히 영조의 명령을 거역할 수 없었어요. 휘령전 앞뜰 한복판에 놓인 뒤주 속은 햇볕을 받아 푹푹 찌는 것 같았어요. 장헌세자는 좁은 뒤주 안에서 참을 수 없이 괴로웠어요.

"아무도 없느냐? 좀 열어다오. 몸이 타는 것 같구나."

며칠 동안 장헌세자는 뒤주 속에서 비명을 질렀지만 영조의 명령으로 아무도 도와줄 수 없었고, 마침내 천둥 번개가 치던

여드레째 되는 날에 숨을 거두고 말았어요.

아들을 제 손으로 직접 죽이게 된 영조는 마음이 편치 않았어요. 장헌세자가 죽은 지 3년 후, 영조 임금은 자신의 행동을 깊이 후회하고, '죽은 세자를 생각하고 슬퍼한다'라는 뜻의 '사도세자'라는 시호를 장헌세자에게 내렸어요. 그리고 사도세자의 묘를 세웠어요. 이때부터 장헌세자는 사도세자라고 불렸어요.

창경궁
서울특별시 종로구 창경궁로에 있는 창경궁은 1483년 조선 성종 때 창건되었어요. 일제강점기 때 동물원과 식물원이 들어오면서 창경원으로 불리는 수모를 겪었지만 사적 제123호로 지정되었고 1983년 다시 '창경궁'이란 이름을 되찾았어요.

사도세자의 비극이 일어났던 문정전

공부가 되는 우리문화유산

창경궁의 가장 깊숙한 곳에 있는 통명전은 왕비의 생활공간이자 연회 장소로 사용했다. 보물 제818호이다.

통명전 안의 아름다운 샘, 연지

창경궁의 정문 홍화문

오죽헌

늙은 스님과 천 그루의 밤나무

조선 중종 때, 한양에 있던 사임당은 산달이 다가오자 친정집인 강릉의 오죽헌으로 내려왔어요.

"오랜만에 고향에 내려오니 참 좋구나."

사임당은 툇마루에 앉아 햇볕을 쬐다가 그날도 풀꽃을 관찰하며 그림 몇 점을 그렸어요. 그러다가 햇살이 포근해서 자신도 모르게 마루에서 깜박 잠이 들었지요.

그런데 이상한 꿈을 꾸었어요. 동해 바닷속에서 오색구름이 잔뜩 피어오르더니 아름다운 선녀가 사내아이 한 명을 안고 나타났어요. 사임당에게 다가온 선녀는 안고 있던 사내아이를 사임당의 품에 안겨 주었어요. 사임당이 아이를 받아 안는 순간 사임당은 꿈에서 깨었어요.

'참으로 신비한 꿈이네.'

그후 해산을 얼마 남기지 않고 사임당은 또 다른 신비한 꿈

오죽헌은 율곡 이이가 태어난 집을 일컫는 말이에요. 율곡 이이가 태어난 집에 오죽이 있어서 집 이름을 오죽헌이라 지었다고 해요. 까마귀 오(烏) 자에 대나무 죽(竹) 자이니 까마귀처럼 까만 대나무가 있었던 것이지요. 이렇게 태어난 율곡 이이는 어려서부터 똑똑하고 총명하여 과거에 급제한 뒤 조선의 훌륭한 학자이자 정치가가 되었어요. 일본 침입에 대비하여 10만 병사를 길러야 한다고 주장한 율곡 이이의 10만 양병설은 아주 유명해요.

을 꾸었어요.

검은 용 한 마리가 동해의 아침 햇살을 받으며, 하늘 높이 오르더니 단숨에 오죽헌으로 날아와 사임당의 품 안으로 뛰어드는 것이었어요.

두 번씩이나 범상치 않은 꿈을 꾸고 난 얼마 후, 사임당은 사내아이를 낳았어요. 그 아이가 바로 율곡이에요. 사임당이 용꿈을 꾸고 율곡을 낳았다고 해서 율곡이 태어난 방을 '몽룡실'이라고 불렀어요.

율곡은 오죽헌에서 부모님과 외할머니의 극진한 사랑을 받으며 무럭무럭 자라났어요.

그러던 어느 날, 사임당이 마루에 앉아 율곡을 돌보고 있을 때 늙은 스님 한 분이 오죽헌을 찾아와 시주를 부탁했어요. 사임당은 스님께 정성 어린 마음으로 곡식을 시주했어요.

늙은 스님은 고마움의 표시로 절을 하고 돌아서다가 못내 안타까운 듯 율곡을 바라보며 이렇게 말했어요.

"참 안타까운 일이오. 장차 나라를 위해 큰일을 할 아이인데 호랑이에게 잡혀갈 무서운 액운이 끼었으니……."

이 말을 들은 사임당은 너무 놀라 정신이 하나도 없었어요.

공부가 되는 우리문화유산

“아니, 우리 아이에게 그런 일이……. 스님, 제발 어떻게 하면 아이를 살릴 수 있는지 그 방법을 알려 주십시오.”

사임당은 스님에게 매달리며 애원했어요.

“이 아이를 살리려면 밤나무 천 그루를 심어 정성껏 키우셔야 합니다. 만약 밤나무 천 그루 중 한 그루라도 죽게 된다면 이 아이를 살릴 수 없을 것입니다. 그리고 또 한 가지 잊지 말아야 할 것이 있습니다. 1년이 지난 후에 밤나무 천 그루가 잘 자라는지 알아보려고 한 노인이 찾아올 것입니다. 그때, 노인에게 꼭 천 그루의 밤나무를 보여 주어야 합니다. 한 그루라도 빠지면 안 됩니다.”

스님이 떠난 후, 사임당은 곧바로 밤나무 천 그루를 심기 시작했어요. 그리고 혹시나 한 그루의 나무라도 잃을까 정성을 다해 돌보았어요.

그렇게 1년이 지났어요. 율곡은 아무런 탈 없이 무럭무럭 자라고 있었어요. 그러던 어느 날, 오죽헌으로 한 노인이 찾아왔어요.

“이 댁에서 밤나무 천 그루를 심었다고 들었습니다. 어디 그 나무들을 구경할 수 있겠소?”

사임당은 공손한 태도로 노인을 데리고 밤나무 밭으로 갔어요. 그곳에는 그동안 사임당이 정성껏 키운 밤나무들이 튼튼하게 자라고 있었어요.

"보십시오, 정성을 다해 키운 밤나무 천 그루입니다."

사임당의 말에 노인은 밤나무 밭을 둘러보더니 이내 밤나무를 하나하나 세기 시작했어요. 그러다가 갑자기 화난 얼굴로 소리쳤어요.

"밤나무가 천 그루가 아니군요. 한 그루 모자라오."

"아니, 그럴 리 없어요."

깜짝 놀란 사임당은 자신이 직접 밤나무를 세어 보았어요. 그런데 이게 어떻게 된 일일까요? 몇 번이고 다시 세어 봤지만 밤나무는 999그루뿐이었어요. 지난밤 사이, 한 그루가 죽고 말았던 거예요.

노인은 벌컥 화를 내며 소리쳤어요.

"당신 아들을 어서 내놓으시오. 천 그루의 밤나무를 키우지 못했으니 내가 데려가야겠소!"

노인의 말에 사임당은 그만 눈앞이 캄캄해지는 것 같았어요.

'아, 어떻게 하면 좋을까, 이제 우리 아이는 어떻게 되는 거지?'

신사임당이 그린 〈초충도〉

오죽헌

어쩔 줄 몰라 막막해하던 바로 그때였어요. 밤나무 밭 근처에 서 있던 밤나무와 비슷하게 생긴 나무 한 그루가 노인을 향해 소리쳤어요.

"나도 밤나무요! 나까지 포함하면 딱 천 그루이니 이만 돌아가시오."

큰 소리로 외치는 나무를 보고 노인은 그만 맥이 빠지고 말았어요.

"이 집 아이는 운이 좋구먼."

노인은 할 수 없다는 듯이 입맛만 다시고 그 자리에서 호랑이로 변하더니 어디론가 사라져 버렸어요.

오죽헌
오죽헌은 강원도 강릉시 죽헌동에 있어요. 1390년에서 1440년 사이 조선 시대에 만들어진 것으로 추정되고 보물 제165호에 지정되었어요.

공부가 되는 우리문화유산

조선 시대에 권력을 잡았던 세도가의 집인 강릉 선교장

오죽헌 뒤뜰에 자라는 검은 대나무

미국 브루클린 미술관에 소장되어 있는 경포대 그림

율곡 이이

엄마 곰의 애틋한 사랑, 백제의 수도 웅진

공산성과 무령왕릉

엄마 곰의 슬픈 이야기

충청도 공주 연미산 근처에 물고기를 잡아 팔며 하루하루를 살아가는 젊은이가 있었어요.

어느 날, 그날도 젊은이는 강가로 물고기를 잡으러 나갔어요.

"오늘은 날씨도 좋고 바람도 많이 불지 않는군. 물고기가 많이 잡힐 것 같은데!"

젊은이는 잔뜩 기대하며 배에 올랐어요. 하지만 기대와 달리 물고기가 잘 잡히지 않았어요.

"거참, 이상하네. 분명히 이런 날은 고기가 많이 잡히는데……."

젊은이는 텅 빈 그물을 보며 한숨을 쉬었어요. 몇 시간이고 그물을 드리웠지만 고기가 잡히지 않자 젊은이는 고기잡이를 포기하고 나무라도 해야겠다는 생각으로 배를 강가에 대고 산속으로 들어갔어요. 젊은이가 나무를 한 짐 하고 산에서 내려

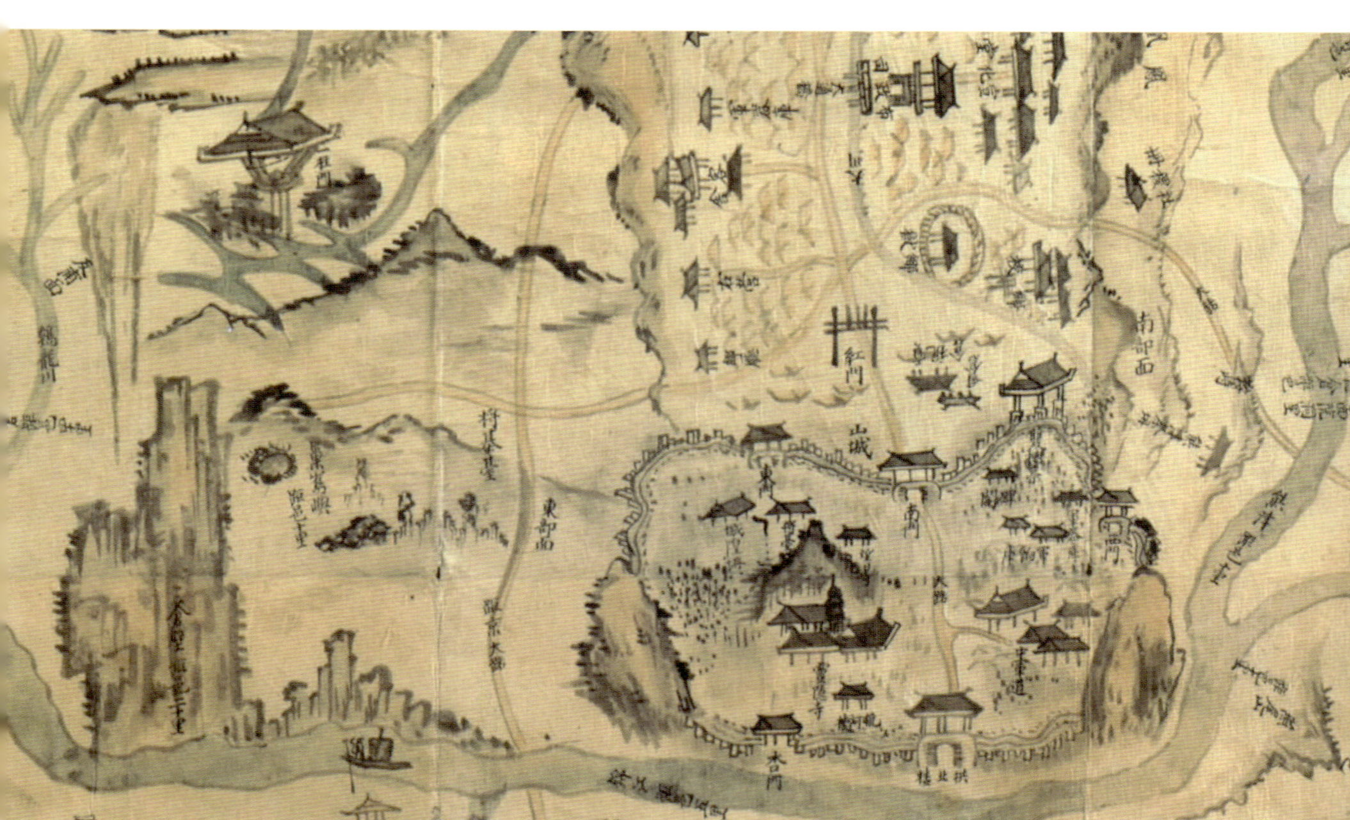

1872년 웅진(지금의 공주) 지도

공부가 되는 우리문화유산

갈 때 해는 뉘엿뉘엿 지고 있었어요.

'빨리 내려가지 않으면 해가 저물겠군.'

젊은이는 서둘러 나뭇짐을 메고 산길을 내려가려 했지만 내려가는 길을 찾을 수 없었어요. 이리저리 산속을 헤매는 사이, 해가 완전히 저물고 말았어요.

'몇 번이나 다녔던 길인데 도통 여기가 어딘지 모르겠네. 이걸 어쩐다. 영락없이 길을 잃은 모양이야.'

배도 고프고 어디선가 늑대 울음소리도 들리는 것 같았어요. 젊은이는 덜컥 겁이 났어요. 그때였어요. 저 멀리서 반짝이는 불빛이 보였어요.

'휴, 다행이다. 이제 살았구나!'

젊은이는 안도의 한숨을 내쉬고는 불빛이 있는 곳으로 한달음에 달려갔어요. 그곳에는 작은 초가집이 한 채 있었어요. 젊은이는 대문 밖에서 소리쳤어요.

"계십니까? 산속에서 길을 잃었는데 하룻밤만 묵고 갈 수 있게 해 주십시오."

잠시 뒤 초가집에서 아리따운 아가씨가 촛불을 들고 나왔어요. 아가씨는 젊은이에게 미안하다는 듯 말했어요.

지금의 공주시라 불리는 웅진은 475년부터 538년까지 백제의 수도였어요. 고구려 장수왕이 3만의 병사들을 이끌고 백제의 도읍지였던 한성의 위례성을 공격했어요. 당시 백제의 왕이었던 개로왕은 이것을 막아내지 못한 채 죽음을 당하고 결국 한성은 고구려에 함락당하고 말았어요. 백제는 수도가 함락당하자 고구려를 피해 수도를 곰나루라고도 불리는 웅진, 지금의 공주로 옮겼고 훗날 538년, 나라의 기틀을 다진 성왕은 수도를 다시 웅진에서 부여의 사비성으로 옮겼어요.

공산성과 무령왕릉

백제를 대표하는 고분, 무령왕릉

“이 집은 여인이 혼자 사는 곳인지라……. 죄송합니다만 다른 곳으로 가 보셔요.”

“이보시오, 매정하게 이 밤중에 어딜 가라고 그러는 거요. 이젠 더 이상 갈 힘도 없소. 부탁이니 하룻밤만 재워 주시오.”

젊은이의 애원에 아가씨는 곤란한 표정을 짓다가 하는 수 없다는 듯이 조용히 문을 열어 주었어요. 그리고 아가씨는 젊은이를 위해 맛있는 음식을 차려 주었어요. 노릇하게 구워진 생선을 보고 마침 배가 고팠던 젊은이는 허겁지겁 음식을 먹었어요.

“정말 고맙소. 내 이 은혜 잊지 않으리다.”

식사를 마친 젊은이는 아가씨에게 고개를 숙여 감사 인사를 했어요. 아가씨는 수줍게 살짝 미소 지었어요.

그날 밤, 잠자리에 누운 젊은이는 쉽사리 잠이 오지 않았어요.

'참 곱고 상냥한 아가씨로구나.'

결국 다음 날 아침, 집으로 돌아가기 전에 젊은이는 아가씨에게 용기를 내어 청혼했어요. 아가씨도 기쁜 듯 고개를 끄덕였어요.

그 후 아가씨와 결혼한 젊은이는 귀여운 아들딸들을 얻어 더할 나위 없이 행복한 나날을 보냈어요.

그런데 젊은이는 한 가지 궁금한 것이 있었어요.

'참 이상한 일이야. 어떻게 이런 산속에서 갖가지 음식을 마련해 오는 걸까? 그것도 연약한 여자의 몸으로 말이야.'

젊은이가 아내에게 음식을 어떻게 장만하냐고 넌지시 묻자 아내는 살며시 웃으며 말했어요.

"다 방법이 있답니다. 걱정하지 말고 맛있게 드셔 주시면 돼요."

결국 젊은이는 궁금함을 참지 못하고 아내 뒤를 몰래 따라가 보았어요. 아내는 이끼 긴 바위와 나무뿌리가 엉켜 있는 숲 속을 전혀 힘들지 않은 듯 빠르게 걸어갔어요.

'어떻게 저렇게 빨리 걸어갈 수 있지?'

젊은이는 헉헉 대며 아내를 쫓아갔어요.

그때였어요. 숲 속 저편에 사슴 한 마리가 뛰어 나왔어요. 그 모습을 본 아내는 순간 커다란 곰으로 변해서 사슴의 뒤를 쫓기 시작했어요.

'이제까지 나와 함께 지낸 아내가 곰이었다니!'

국보 제162호르 지정된 일각수(무령왕릉 석수)

무령왕릉은 공주시 송산리에 있는 무령왕과 왕비가 묻힌 능으로 연꽃무늬, 마름모무늬 등 여러 가지 무늬가 아름답게 새겨진 벽돌들이 규칙적으로 쌓여 있는 터널형의 벽돌무덤이에요.
국보로 지정된 금제 관식과 금제 뒤꽂이, 무덤의 주인이 무령왕과 왕후임을 알 수 있게 해 준 지석 등을 포함하여 모두 108종류의 2,905점의 유물들이 발견되었어요. 무령왕릉은 삼국 시대 무덤들 가운데 최초로 주인과 매장 연도를 정확히 알 수 있는 무덤으로 이 무덤에서 나온 수많은 부장품은 오늘날 백제의 문화를 연구하는 데 귀중한 자료가 되고 있어요.

깜짝 놀란 젊은이는 즉시 산 아래로 줄행랑을 쳤어요.

아무것도 모른 채 사냥을 마친 곰은 다시 여자로 변하여 집으로 돌아왔지만 집에 있어야 할 남편이 보이지 않았어요. 남편이 도망갔다는 것을 알아챈 곰 아내는 자식들을 데리고 산을 내려와 강가로 향했어요. 그러나 젊은이는 벌써 강을 건너고 있었어요. 곰은 슬피 울면서 소리쳤어요.

"여보, 아이들을 생각해서라도 제발 돌아오세요!"

그러나 젊은이는 뒤도 돌아보지 않고 강을 건너 도망가 버렸어요.

남편이 도망가 버린 나루터를 바라보며 곰은 슬피 울었어요. 매일 남편을 그리며 울던 곰은 두 아이들과 함께 강물에 몸을 던져 죽고 말았어요.

이때 곰이 빠져 죽은 금강 근처 나루터를 '곰나루'라고 부르고 마을 이름도 곰 웅(熊) 자를 써서 '웅진'이라 불렀어요. 웅진이 있던 지역은 지금은 '공주'라 부르고 있어요.

공부가 되는 우리문화유산

　　훗날 백제는 고구려 장수왕의 침입으로 남쪽으로 피난 와 웅진에 수도를 세웠어요. 그리고 웅진을 지키기 위해 웅진성을 축성하였어요. 이 웅진성이 오늘날 공산성의 옛 이름이에요. 백제는 수도를 옮긴 후 약 60여 년간 다섯 명의 왕이 이곳 웅진에 머물렀어요. 그중 제25대 무령왕은 무너진 왕권을 회복하고 약해진 백제의 힘을 키우는 데 애썼어요. 공산성 근처, 송산리 고분군에는 백제 시대 문화의 우수성을 알려 주는 무령왕릉이 있어요.

공산성과 무령왕릉

충청남도 공주시 산성동에 있는 공산성은 백제의 도읍지인 공주를 지키기 위해 쌓은 산성으로 사적 제12호에 지정되어 있어요. 무령왕릉은 공산성에서 가까운 충청남도 공주시 금성동의 사적 제13호로 지정된 공주 송산리 고분군 안에 있어요.

공주 시내가 내려다 보이는 공산성 정문

백제 성왕

땅의 신에게 왕과 왕비의 묘로 쓸 땅을 사들인다는 내용이 새겨진 지석

공부가 되는 우리문화유산

무령왕릉 현실 입구

무령왕이 사용하고 함께 묻은 환두대도(둥근 고리가 달린 칼)

무령왕릉 안의 등잔을 놓아두는 연꽃 모양의 창

무령왕의 발받침 복제품

무령왕릉 내부

공부가 되는 우리문화유산

국보 제154호로 지정된 무령왕의 금제 관식 　　　　왕비의 금동 신발

국보 제160호로 지정된 왕비의 은제 팔찌

낙화암

신라는 초승달, 백제는 보름달

백제의 의자왕은 매일 잔치를 벌이며 흥겹게 술을 마시면서 놀고 있었어요. 그때 성충이라는 신하가 의자왕 앞에 나와 말했어요.

"전하, 부디 고통 받는 백성들을 헤아려 주시옵소서. 이제 잔치는 그만두시고 나라를 돌보셔야 합니다."

의자왕은 들고 있던 술잔을 집어던지며 말했어요.

"듣기 싫다! 감히 누구 앞에서 충고를 하는 것이냐? 이 발칙한 놈을 당장 옥에 가둬라!"

이 모습을 본 신하들은 속으로 깊은 한숨을 내쉬었어요. 충신이었던 성충마저 옥에 갇혔으니 이제 백제는 망할 거라는 생각이 들었지요.

의자왕이 처음 왕이 되었을 때는 나라도 잘 다스리고 신라와 전쟁을 벌여 승리하면서 여러 성을 빼앗아 백제의 영토를

"살아서 적의 노비가 되느니 차라리 죽는 게 낫다."

계백 장군은 신라군과 싸우기 전에 이런 말을 남기며 자신의 가족을 모두 죽이고 싸움에 임하였어요. 그리고 5,000명의 결사대와 함께 황산벌로 나가 5만의 군사를 이끌고 쳐들어온 김유신 장군과 치열하게 싸웠어요. 계백 장군은 신라군을 네 차례나 막아 내었지만 마지막에는 결국 숫자가 모자라 신라군에 패하면서 계백 장군도 황산벌에서 전사하고 말았어요. 이 전투를 마지막으로 백제는 신라에 멸망당하고 말았어요.

넓혔어요. 하지만 전투에서 계속 승리하자 의자왕은 점점 자만에 빠지기 시작하더니 사치가 심해지고, 날마다 잔치를 벌여 놀기만 했어요.

백성들은 모이면 나라 안에 벌어진 이상한 징조들을 이야기했어요.

"간밤에 늙은 나무가 우는 소리를 들었지 뭔가."

"그뿐만이 아니네. 우물물이 핏빛으로 변하고 갑자기 성 안의 모든 개들이 밤새 짖어 댔다고 하던 걸?"

"이제 우리 백제는 끝났네, 끝났어."

백성들은 백제가 망할 거라고 수군거렸지만 의자왕 혼자만은 영원히 태평성대를 누릴 듯이 생각하고 날마다 잔치를 벌였어요.

그러던 어느 날이었어요. 그날도 의자왕은 궁궐 안에서 술을 마시며 놀고 있었어요. 그런데 의자왕의 눈앞에 귀신이 나타나 외쳤어요.

"백제는 망할 것이다!"

그리고는 땅 속으로 사라져 버렸지요. 의자왕은 무서움에 벌벌 떨며 신하들에게 말했어요.

“여봐라, 귀신이 사라진 저 땅 밑을 당장 파 보거라.”

그래서 땅을 파 보니 그 속에서는 이상한 거북 한 마리가 나왔어요. 그런데 거북의 등딱지에는 이런 글이 쓰여 있었어요.

‘신라는 초승달이고, 백제는 보름달이다.’

의자왕은 무슨 뜻인지 알아보려고 당장 무당을 불렀어요. 무당은 거북 등딱지에 적힌 글을 읽고 잠시 머뭇거리더니 이렇게 말했어요.

“초승달은 앞으로 커질 것이니 신라는 흥한다는 뜻이고, 보름달은 시간이 흐르면 작아질 것이니 백제는 곧 망한다는 뜻입니다.”

“뭐라고? 어디서 그런 헛소리를 지껄이는 게냐?”

화가 난 의자왕은 그 자리에서 무당을 죽여 버렸어요. 그리고는 다른 무당을 불러 다시 물어 보았어요. 두 번째 무당은 앞의 무당처럼 목숨을 잃을까 봐 두려워서 앞의 무당과는 반대로 이야기를 했어요.

“보름달은 가장 큰 달이니 백제는 점점 강해질 것이며, 초승

삼천 궁녀가 뛰어내린 낙화암이 있는 백마강은 의자왕의 아버지 무왕의 전설이 담긴 곳이기도 해요. 의자왕의 아버지 무왕은 죽어서도 나라를 지키기 위해 백마강의 용이 될 것이니 자신을 화장해 백마강에 뿌려 달라고 했어요. 그 후 사람들은 정말 무왕이 용이 되어 백마강에 산다고 믿었어요. 그래서인지 의자왕 때 백제를 정복하러 온 당나라 장수 소정방이 백마강으로 배를 타고 들어오는데 갑자기 배가 움직이지 않았어요. 이에 용이 된 무왕의 이야기를 들은 소정방은 백마 한 마리를 낚싯줄에 걸고 강으로 던졌어요. 그러자 용 한 마리가 백마를 문 채로 강 밖으로 나왔고 소정방이 그 용을 칼로 죽이자 배가 움직일 수 있었어요. 결국 소정방은 백제를 치는 데 성공했다고 해요.

달은 제일 작은 달이니 신라는 점점 약해질 것이라는 뜻입니다."

의자왕은 이 말에 안심하고는 다시 술잔치를 벌였어요.

하지만 예언대로 신라는 점점 힘이 세지고 있었어요. 어느 날, 신라가 만반의 준비를 갖추고 백제로 쳐들어왔어요.

"전하, 신라가 당나라와 손을 잡고 우리 백제로 쳐들어오고 있다고 합니다."

"뭐라고? 당장 계백 장군을 보내 신라군을 막아라."

하지만 계백 장군도 신라와 당나라의 연합군을 이길 수는 없었어요. 계백 장군은 황산벌 전투에서 패하여 전사하고 말았어요.

"계백 장군마저 지다니……. 이제 백제가 끝이 나는구나."

의자왕은 한탄했지만 이미 때는 늦었어요. 백제는 속수무책으로 신라와 당나라 군대에 짓밟히게 되었어요. 백성들은 도망갈 곳도 없이 두려움에 떨고 있었어요. 의자왕도 포로가 되어 당나라로 끌려가는 신세가

되었어요.

당나라군이 백제의 사비성에 들이닥치자 궁 안에 있던 궁녀들은 두려움에 떨었어요.

"이제 우리 백제는 망했구나. 우리도 당나라군에게 잡히면 포로가 되어 당나라로 끌려가겠지."

"차라리 여기서 백제와 운명을 같이하는 게 낫겠어."

두려움에 떨던 궁녀들은 백마강이 흐르는 대왕포 바위로 향했어요. 높은 절벽에 선 궁녀들은 치마를 뒤집어쓰고 하나 둘씩 뛰어내렸어요. 이때 아리따운 궁녀들이 절벽에서 몸을 던지는 그 모습은 마치 꽃잎이 바람에 흩날리는 것 같았다고 해요. 그 뒤로 삼천 궁녀가 백마강 아래로 몸을 던진 곳을 '낙화암'이라 불렀어요. '떨어지는 꽃'이라는 뜻을 가진 낙화암은 백제 멸망의 아픔이 깃든 곳이에요.

낙화암
충청남도 부여군 부소산에 있는 낙화암은 백제의 수도였던 부여 백마강 주변에 있는 큰 바위예요. 충청남도 문화재 자료 제110호로 지정되어 있어요.

백마강변에 있는 고란사

백제 왕들이 즐겨 마시던 고란 약수가 솟아나는 주변에서 자라는 고란초

백제의 마지막 성이었던 부소산성(사비성)의 사비문

공부가 되는 우리문화유산

낙화암에서 떨어져 죽은 삼천 궁녀를 위로하기 위해 지은 정자 백화정

백제의 중요한 강이었던 백마강

수로왕릉

하늘에서 내려온 황금 알 여섯 개

한반도 남쪽 낙동강 지역에 나라도, 임금도, 신하도 없이 부족을 이루며 살던 무리가 있었어요. 그들에게는 임금이 없는 대신 '구간'이라 부르는 아홉 명의 족장들이 있었어요. 이들은 매년 부족 백성들을 대표해서 따뜻한 봄이 오는 3월 3일이 되면 하늘에 제사를 지냈어요.

"올해는 꼭 우리에게도 임금을 내려 주십사 제사를 드리세."

아홉 명의 구간들은 제사를 지내기 위해 구지라는 곳에 백성들을 불러 모았어요. 그때였어요. 구름 낀 하늘에서 신비로운 목소리가 커다랗게 울려 퍼졌어요.

"너희들의 바람대로 임금을 내려 주마. 구지봉에 올라가 흙을 파고 '구지가'를 불러라. 노래를 부르며 춤을 추면 곧 임금을 맞이할 수 있을 것이다."

드디어 하늘에서 임금을 내려 주겠다는 소리를 듣자 신이

오랜 옛날 왕들의 탄생 설화에는 알에서 태어난 이야기가 많아요. 이것을 알에서 태어났다고 '난생 설화'라고 해요. 설화는 어떤 민족마다 전해 오는 신화, 전설, 민담 등을 통틀어 일컫는 말이에요. 금관가야를 세운 수로왕뿐만 아니라 신라를 세운 박혁거세도 알에서 태어났어요. 이렇게 알에서 태어났다는 설화가 있는 것은 그 인물이 보통 사람의 능력을 뛰어넘는 신성하고 특별한 존재라는 것을 알리기 위해서예요.

난 백성들과 아홉 명의 구간들은 구지봉에 올라 노래를 부르며 춤을 추기 시작했어요.

"거북아 거북아, 머리를 내밀어라. 머리를 내놓지 않으면 구워서 잡아먹으리."

사람들이 계속해서 노래를 부르며 춤을 추자 하늘에서 붉은 빛이 실처럼 내려왔어요. 그 붉은 빛의 끝에는 황금 상자가 붉은 보자기에 싸여 있었어요. 황금 상자를 열자 그 속에는 해처럼 둥글고 빛나는 황금 알 여섯 개가 들어 있었어요.

"하늘에서 내려 주신 소중한 알이니 아도간의 집에서 돌보도록 하세."

아도간은 아홉 명의 구간 중 우두머리였어요. 사람들은 황금 상자를 조심스럽게 아도간의 집에 옮겨 정성껏 돌보았어요.

알을 돌본 지 보름이 되던 날, 황금 알 여섯 개중 하나가 쩍 갈라졌어요. 평상시처럼 알을 돌보고 있던 아도간은 놀라서 외쳤어요.

"이것 좀 보게, 알이 깨지고 있어!"

아도간의 말에 사람들이 황금 상자 주변으로 몰려들었어요. 잠시 후, 깨진 알에서 아주 잘생기고 건강해 보이는 아기가 나왔어요. 사람들은 신비로운 광경에 입을 다물 줄 몰랐어요. 그때 아도간이 말했어요.

"이 아이가 우리를 이끌어 줄 임금이 될 걸세. 이 아이를 금(金)상자에서 나왔으니 성을 '김(金)'으로, 알에서 가장 먼저 나온 아이니 처음 나왔다는 뜻의 '수로'라고 부릅시다!"

모두들 아도간의 말에 고개를 끄덕였어요. 김수로의 알이 깨지자 마침내 다른 알들도 연이어 하나 둘씩 깨지기 시작했어요. 모두 건강한 사내아이였어요.

김수로는 놀랍게도 키가 쑥쑥 자라 9척이나 되었어요. 그리고 금관가야를 세워 첫 임금이 되었지요. 김수로와 함께 알에서 태어난 다른 다섯 명도 다섯 가야 연맹국의 왕이 되었어요.

수로왕의 어진 정치로 가야는 평화로운 나날이 계속되었어요. 하지만 신하들은 아내가 없는 수로왕이 걱정되었어요. 신하들은 수로왕에게 왕비를 맞아들이라고 청했어요.

"가야의 왕실이 우뚝 서기 위해서는 왕비가 필요하옵니다. 그러하니 대왕님, 가야를 위해 왕비를 들이셔야 합니다."

그러자 수로왕은 살며시 웃으며 대답했어요.

"걱정 마시오. 나 역시 하늘의 뜻으로 이곳의 왕이 되지 않았소? 그러니 왕비도 하늘이 내려 줄 것이오.”

그리고 얼마 후, 수로왕은 신하들을 불러 말했어요.

“가장 좋은 나무로 가마를 만들어 바닷가로 어서 나가 보시오. 왕비가 될 여인이 도착해 있을 테니 예의를 갖추어 모셔 오시오.”

신하들은 수로왕의 말에 의아해하면서도 왕의 명령이라 바닷가로 나갔어요. 그런데 정말 그곳에 많은 하인을 거느린 아름다운 여인이 있었어요. 그 여인이 타고 온 배에는 주황색 깃발이 펄럭이고 있었고 보물이 가득 실려 있었어요. 신하들은 재빨리 여인에게 다가가 공손하게 말했어요.

“수로왕의 명령으로 모시러 왔습니다. 어서 가마에 오르시지요.”

신하들의 말에 여인은 고개를 저으며 말했어요.

“낯선 땅에서 내가 어찌 너희들을 믿고 함부로 따라 나서겠느냐?”

여인의 말을 전해 들은 수로왕은 직접 바닷가로 나가 여인을 맞이했어요. 수로왕의 모습을 본 여인은 그제야 공손하게

고개를 숙이고 말했어요.

"왕이시여, 저는 성은 허씨이고 이름은 황옥이라 하옵니다. 인도의 아유타라는 나라의 공주로 꿈에 나타나신 신의 말씀에 따라 여기까지 오게 되었습니다. 신께서 말씀하시길 가야의 임금 수로는 하늘이 내려 보낸 신성한 사람이니 어서 가서 왕비가 되라 하셨습니다."

이 말을 들은 수로왕은 크게 기뻐하며 허황옥을 왕비로 맞았어요. 그리고 많은 세월이 흘러 아유타국에서 온 왕비는 157세로 세상을 떠났어요. 금실이 유독 좋았던 수로왕은 왕비를 먼저 떠나보낸 후 슬퍼하다가 10년 후인 199년 3월 23일 158세의 나이로 세상을 떴어요. 수로왕보다 허황옥 왕비가 아홉 살이 많았던 거예요.

어진 정치로 백성의 사랑을 듬뿍 받았던 수로왕은 지금 김해시 서상동에 묻혀 있어요.

수로왕릉

경상남도 김해시 서상동에 있는 수로왕릉은 정확한 기록은 없지만 가야 시대에 만들어진 것으로 추정되고 있어요. 1580년 조선 선조 때 지금과 같은 모습을 갖추게 되었다고 해요. 사적 제73호에 지정되었어요.

공부가 되는 우리문화유산

수로왕릉에 대한 기록이 남아 있는 중수비

수로왕의 아내인 허왕후가 묻힌 릉

가야 왕들의 신위를 모시는 숭안전

허왕후가 가져온 파사 석탑

가야 시대에 철기로 만들어진 모자

공부가 되는 우리문화유산

가야 시대에 만들어진 오리 모양의 도자기

철기가 발달했던 가야의 철갑옷

가야 시대의 금관

수로왕릉

大雄寶殿
賓臨法會利羣生
四智圓明諸聖本
月印千江一切同
입시기도접수
백일기도접수
하안거

전등사

옥으로 만든 등잔

"전하, 너무나 많은 백성들이 죽어 가고 있습니다. 전쟁을 그만두어야 합니다."

"아니 되옵니다. 그러는 순간 우리 고려는 몽고의 땅이 되는 거나 마찬가지입니다."

30여 년 동안 계속된 몽고와의 전쟁에 고려는 지칠 대로 지쳤어요. 거기다 신하들은 매일 몽고에 항복해야 한다, 말아야 한다를 놓고 의견이 분분하게 갈려 싸워 댔어요.

몽고와의 오랜 전쟁으로 백성들의 고통은 이만저만이 아니었어요. 그래서 충렬왕은 나라 걱정에 잠을 이룰 수가 없었어요.

'어떻게 하는 것이 진정 백성을 위하는 것인가?'

고민에 고민을 거듭하던 충렬왕은 결국 고통 받는 백성들의 모습을 더 이상 지켜 볼 수가 없어 몽고에 항복하기로 결정했

강화도는 고려 시대 우리 민족이 몽고족의 침략을 받았을 때 고려를 끝까지 지켜내던 최후의 보루였어요. 1225년 고려 고종 때 몽고는 우리나라 국경 지대에서 몽고 사신 저고여가 우연히 죽는 사건이 일어나자 그것을 빌미로 고려를 침략했고 고려는 수도를 강화도로 옮기면서까지 항복을 거부하고 끝까지 저항했어요. 이 전쟁은 무려 일곱 차례에 걸쳐 약 30년 가까이 계속되었어요. 이때 부처의 힘으로 몽고를 몰아내고자 16년에 걸쳐 팔만대장경을 만들었어요.

어요. 30여 년이나 계속된 긴 전쟁이었기 때문에 몽고도 빨리 전쟁을 끝내고 싶어 했어요. 이렇게 전쟁에 승리한 몽고는 고려를 자신의 부마국으로 만들었어요. 부마국이란 고려의 왕이 몽고의 왕실 여자와 결혼을 하여 몽고 왕실의 사위가 되는 것으로 고려는 몽고의 사위 나라가 되는 것을 말해요.

충렬왕은 이 이야기를 듣고 가슴이 무너지는 것 같았어요.

'이미 정화 궁주와 혼인을 한 상태인데 낯선 몽고의 여인과 결혼을 해야 한단 말인가?'

하지만 다른 방법이 없었어요. 충렬왕은 하는 수 없이 몽고에서 정해 준 몽고 왕실 여인을 고려의 왕비로 맞이하게 되었어요.

이것을 지켜봐야만 했던 정화 궁주의 마음도 이루 말할 수 없이 슬펐어요. 정화 궁주는 누구보다 자신을 사랑하는 충렬왕 곁에 있고 싶었어요.

하지만 자신이 옆에 있으면 몽고가 괜히 트집을 잡아 충렬왕을 곤란하게 할 것 같다는 생각이 든 정화 궁주는 사랑하는 충렬왕을 위해 그의 곁을 떠나야겠다고 결심했어요.

그래서 정화 궁주는 절에 들어가기로 마음을 먹은 뒤, 충렬

공부가 되는 우리문화유산

왕에게 말했어요.

"전하, 저는 이제 속세를 떠나 부처님의 뜻을 이어받으려 합
니다."

"아니, 날 두고 어딜 간단 말이오."

"제가 있으면 전하께서 더 곤란해지실 겁니다."

충렬왕은 더 이상 아무런 말도 할 수 없었어요. 정화 궁주의
마음을 누구보다 잘 알고 있었기 때문이에요. 충렬왕은 이별
의 슬픔에 눈물을 흘리며 정화 궁주의 손을 꼭 잡았어요.

"정말 미안하오. 고려의 왕비가 되어야 할 당신을 내가 부족
하여 이렇게 떠나게 만들다니……."

정화 궁주는 충렬왕과 마지막 작별 인사를 나눈 뒤, 강화도
로 떠났어요.

정화 궁주는 강화도에 있는 진종사라는 절에 도착하여 주지
스님에게 머물 수 있도록 해 달라고 말했어요. 주지 스님은 정
화 궁주를 말리며 말했어요.

"귀하신 분께서 머무실 만한 그런 곳이 아닙니다."

하지만 정화 궁주는 뜻을 굽히지 않았어요.

"스님, 저는 이 절에 올 때 모든 것을 버릴 각오를 하고 왔습
니다. 오직 부처님의 뜻을 따르며 살겠으니 부디 저를 거두어
주십시오."

전등사는 고구려 소수림왕 때 지어진 절로서 현재 우리나라에 있는 절로는 가장 역사가 오래된 절 중에 하나예요. 처음에는 전등사가 아니라 진종사라 불렸어요. 이 절이 전등사라 불리게 된 계기는 바로 고려 충렬왕의 아내 정화 궁주가 옥으로 만든 등을 시주하면서부터예요. '전등'은 '불법의 등불을 전한다'는 뜻이에요. '궁주'는 고려 때 사용되던 말로 왕비보다는 낮은 직위의 아내를 가리키는 말이었어요. 조선 숙종 때는 『조선왕조실록』을 전등사에 보관하기도 했어요.

주지 스님은 정화 궁주의 표정에서 굳은 의지를 엿볼 수 있었어요. 그제야 주지 스님은 고개를 조용히 끄덕였어요. 진종사에서 머물게 된 정화 궁주는 두 손을 모아 공손히 합장하더니 주지 스님에게 옥으로 만든 등잔 하나를 건넸어요.

"이것은 왕께서 저에게 주신 등잔입니다. 부처님 앞에 이 등잔을 바치고 싶습니다. 받아 주십시오."

정화 궁주는 새벽마다 등잔에 불을 붙이고 열심히 기도드렸어요. 이때부터 진종사는 정화 궁주와 그녀가 바친 등잔을 기리기 위하여 '전등사'로 이름을 바꾸었고 그 이름이 지금까지 전해지면서 전등사라 불리고 있어요.

전등사

인천 강화군 길상면 온수리 정족산에 있는 전등사는 381년 고구려 소수림왕 때 아도가 창건한 절이에요. 전등사 안에는 보물 제178호에 지정된 전등사 대웅보전이 있어요.

전등사 명부전의 벽화

전등사 대웅보전을 떠받치고 있는 목각 인형

보물 제393호 전등사 범종. 사각형 안에 만들어진 시기가 적혀 있다.

하회탈

죽음을 부른 이웃집 처녀의 사랑

"야! 토끼가 당장이라도 살아 움직일 것 같네."

"허 도령은 참 손재주가 좋아."

"손재주뿐만 아니라 마음씨 또한 비단결이지."

고려 시대의 하회 마을에 허 도령이라는 아주 잘생기고 재주 많은 청년이 살고 있었어요. 사람들은 허 도령의 손재주에 입에 침이 마르도록 칭찬을 했어요. 허 도령은 나무 깎는 솜씨가 좋았을 뿐만 아니라 자신이 만든 물건들을 아낌없이 이웃 사람들에게 나눠 주는 착한 마음씨까지 지니고 있어서 마을 사람들 모두 허 도령을 좋아했어요.

어느 날이었어요. 허 도령은 아침에 산책을 나갔다가 서낭당 앞에서 오리나무 토막 한 개를 주웠어요.

'참 튼튼하고 잘 생긴 오리나무로구나. 무얼 만들면 좋을까?'

하회 마을에는 국보 제132호인 징비록이란 옛 문서가 있어요. '징비'란 '미리 꾸짖어서 나중에 잘못될 것을 예방한다'는 뜻이에요. 징비록은 유성룡이라는 사람이 지은 임진왜란에 관한 책이에요. 유성룡은 책에서 임진왜란을 생각할 때마다 부끄러움으로 몸둘 바를 모르겠다고 말하고 있어요. 그러니까 징비록은 조선 시대의 학자 유성룡이 임진왜란을 겪은 후 후세 사람들에게 남긴 반성의 기록문이라 할 수 있어요. 징비록에는 임진왜란이 일어난 원인과 과정, 자신과 나라의 잘못 등에 관한 내용을 담고 있어요. 임진왜란에 대한 자세한 기록뿐만 아니라 임진왜란과 같은 전쟁을 다시는 겪지 말자는 우리 조상의 진심 어린 충고를 들을 수 있어요.

집으로 돌아온 허 도령은 나무토막을 들고 이리저리 고민하다가 깜박 잠이 들어 꿈을 꾸었어요.

꿈속에서 허 도령은 아름다운 숲길을 걷고 있었어요. 숲 깊숙이 들어갔더니 낯선 사당 한 채가 서 있었어요.

'이런 곳에 웬 사당이 있단 말인가?'

호기심이 생긴 허 도령이 사당 안으로 들어가 보니 그곳에는 노인 한 분이 의자에 앉아 계셨어요. 노인은 허 도령을 보더니 인자한 표정으로 말했어요.

"그대는 하회 마을의 허 도령이 아닌가."

허 도령은 깜짝 놀라 물었어요.

"어르신, 어찌 저를 아십니까?"

노인이 웃으며 말했어요.

"하하하, 하회 마을에 대해서라면 누구보다도 아주 잘 알고 있지. 내가 하회 마을을 지키는 수호신인 서낭이니까. 내가 오늘 너를 부른 것은 네게 특별히 부탁할 것이 있어서이다."

수호신이라는 소리에 놀란 허 도령은 서낭님께 엎드려 절을

공부가 되는 우리문화유산

했어요.

"아, 몰라 뵈어 죄송합니다. 그런데 저에게 부탁하실 일이라니요?"

"내가 오래도록 혼자 이곳에 있었더니 무척이나 심심하구나. 그래서 너에게 마을 사람들의 모습을 탈로 조각해 달라는 부탁을 하려고 한다. 네가 나무 깎는 재주가 비상하니 아주 멋진 탈이 만들어질 게야. 그리고 탈이 다 만들어지면 그것을 쓰고 춤을 추며 나를 즐겁게 해 다오. 하지만 꼭 지켜야 할 것이 있다. 그대가 탈을 만드는 동안은 어떤 사람도 만나지 말아야 하느니라. 이 약속을 어기면 무서운 벌이 내릴 것이다. 꼭 명심하거라."

꿈속에서 고개를 끄덕이던 허 도령은 잠에서 깨어났어요.

'서낭님을 위해 멋진 탈을 만들어야겠다.'

허 도령은 서낭님의 당부대로 아무도 들어오지 못하게 방 앞에 금줄을 달고 열심히 탈을 만들기 시작했어요.

허 도령은 열한 종류의 탈을 만들기 위해 밤늦도록 정성을 다해 조각하였어요. 양반탈, 선비 탈, 스님 탈, 각시 탈 등 신분에 상관없이 마을 사람들 모두의 얼굴을 탈로 만들었어요.

허 도령이 매일 열성을 쏟은 덕분에 탈은 순조롭게 만들어지고 있었어요. 그리고 석 달이 다 되어 이제 마지막으로 이매 탈을 만들고 있었어요.

안동에 있는 하회 마을은 2010년 8월 유네스코 세계문화유산으로 지정될 정도로 오랜 역사와 전통을 자랑하는 마을이에요. 하회란 물이 돌아간다는 뜻이에요. 실제로 낙동강 물줄기가 마을을 둘러싸고 태극무늬를 이루고 있어요. 또한 외부로부터 막혀져 있어 전쟁을 피할 수 있었고 이로 인해 우리의 전통문화와 자연환경이 잘 보존되어 있어요. 하회 마을은 풍산 유씨가 자리를 잡아 지금까지도 살고 있는데 조선 시대의 대학자 유성룡도 이곳에서 태어났어요. 또한 하회 마을은 광주 안씨, 김해 허씨 등도 모여 살고 있는 씨족 마을이에요.

'이제 얼마 남지 않았구나.'

허 도령은 완성되어가는 탈을 보며 가슴이 벅차올랐어요.

한편, 평소 허 도령을 짝사랑하고 있던 이웃 처녀는 허 도령이 보고 싶어 참을 수가 없었어요. 허 도령의 얼굴을 벌써 세 달째 보지 못하는 바람에 상사병에 걸릴 지경이었어요.

'도대체 언제쯤 탈을 다 완성하실까? 끼니는 제대로 챙겨 드시는지 걱정되는구나.'

처녀는 매일 밤 정화수를 떠 놓고 허 도령이 빨리 탈을 완성하기를 간절히 빌었어요. 하지만 세 달이 지나도 허 도령이 집 밖으로 나오지 않자 처녀는 허 도령의 집으로 가 보기로 했어요.

'그래, 도령님 얼굴만 몰래 보고 와야지.'

이웃집 처녀는 늦은 밤 아무도 몰래 허 도령의 집으로 갔어요. 집 앞에는 여전히 금줄이 처져 있었었지만 처녀는 대문 안으로 발을 디뎠어요. 허 도령의 방은 여전히 밝게 불이 켜져 있었어요. 처녀는 허 도령의 방문 앞으로 살금살금 다가가 방문 창호지에 작은 구멍을 낸 뒤 방 안을 살짝 엿보았어요.

하회탈

'아, 허 도령님!'

방 안에는 탈을 만드는 일에 열중하고 있는 허 도령의 모습
이 보였어요. 이웃집 처녀는 진지한 허 도령의 잘생긴 얼굴을
시간 가는 줄도 모르고 바라보았어요.

마지막 탈을 만들고 있던 허 도령은 순간 방문 밖에서 인기
척을 느꼈어요.

"거기 뉘시오?"

허 도령은 방문 쪽으로 자기도 몰래 고개를 돌렸어요. 그 바
람에 허 도령의 눈과 이웃집 처녀의 눈이 딱 마주쳤지요. 그
순간 하늘에서 번개가 치더니 허 도령은 피를 토하고 그대로
쓰러져 죽고 말았어요. 아무도 만나지 말라는 서낭님의 명을
지키지 못했기 때문이었어요.

이때 허 도령이 마지막으로 이매 탈을 만들고 있었는데 이
웃집 처녀 때문에 마지막 탈을 완성하지 못하고 허 도령이 죽
는 바람에 이매 탈은 턱 부분이 없다고 해요.

하회탈
서울특별시 용산구의 국립 중앙 박물관에 보관되어 있는 하회탈은 고려 말기에서 조
선 초기에 만들어진 것으로 추정되고 있어요. 국보 제121호에 지정된 하회탈은 각시,
초랭이, 이매 등 총 11개의 종류가 있어요.

공부가 되는 우리문화유산

전통문화가 잘 보존된 하회 마을

부석사

의상 대사에게 반한 선묘 아가씨

의상 대사는 불교를 더욱 열심히 배우기 위해 당나라로 유학을 떠났어요. 그런데 당나라에 도착하자마자 그만 병이 나고 말았어요. 그때 중국의 산둥 반도에 살던 한 남자가 의상 대사에게 말했어요.

"스님, 몸이 많이 안 좋아 보이시는데 저희 집에서 쉬었다 가시죠."

그래서 의상 대사는 병이 나을 때까지 그 집에 머무르기로 했어요. 그런데 그 남자에게는 선묘라는 예쁜 딸이 있었어요. 선묘 아가씨는 잘생긴 의상 대사를 보고 그만 첫눈에 반하고 말았어요.

'정말 멋진 분이로구나.'

선묘 아가씨는 밤을 새며 몸이 아픈 의상 대사를 극진히 돌보았어요. 선묘 아가씨의 정성 어린 간호 덕분인지 의상 대사는 곧 기운을 차릴 수 있었어요. 기운을 차린 의상 대사가 그 집을 떠나려는 날 아침, 선묘 아가씨는 의상 대사와 헤어지기 아쉬운 마음에 사모하고 있던 마음을 고백했어요. 의상 대사는 합장을 하며 공손하게 대답했어요.

"저는 승려의 몸이라 낭자의 마음을 받아들일 수 없습니다."

선묘 아가씨는 실망했지만 그래도 두 눈을 초롱초롱 빛내며 말했어요.

"뜻이 그러하시니 저도 스님을 따라 부처님을 열심히 믿겠습니다. 그러니 스님께서도 열심히 공부하시어 부디 큰스님이 되셔요."

선묘 아가씨는 이별의 아쉬움을 참으며 의상 대사를 떠나보냈어요.

그렇게 10년이 지난 어느 날, 의상 대사가 당나라 유학을 마치고 신라로 돌아가는 날이 되었어요.

'그 댁에 신세진 것이 많으니 감사의 인사라도 드리는 게 예의일 것이다.'

의상 대사는 신라로 돌아가는 길에 선묘 아가씨가 있는 집

에 들렀어요. 그런데 마침 선묘 아가씨는 불공을 드리러 절에 가고 없었어요. 결국 의상 대사는 선묘 아가씨에게 인사도 전하지 못하고 그냥 신라를 향해 길을 떠났어요.

뒤늦게 그 사실을 안 선묘 아가씨는 뭔가가 든 함을 들고 서둘러 부둣가로 달려갔어요. 함 속에는 선묘 아가씨가 의상 대사를 위해 정성껏 만든 법의가 들어 있었어요. 하지만 선묘 아가씨가 부두에 도착했을 때는 이미 의상 대사가 탄 배는 부두를 떠나 흰 돛만 저 멀리 보일 뿐이었어요.

"의상 대사께서 신라로 돌아가실 때 드리기 위해 법복을 마련했건만 이대로 드리지도 못하게 되었구나!"

선묘 아가씨는 함을 부둥켜안고 부둣가에 서서 발만 동동 굴렀어요. 그러다가 무언가 결심이라도 한 듯 합장을 하고 법의가 든 함을 파도가 넘실대는 바닷속으로 던졌어요.

"부처님이시여, 의상 대사님을 진심으로 공양하는 제 마음을 받아 주시어 부디 이 함이 저 배까지 닿게 해 주시옵소서."

선묘 아가씨가 기도를 마치자 갑자기 바람이 불더니 법의가 담긴 함이 정말로 의상 대사가 탄 배에 닿았어요. 그 모습을 본 선묘 아가씨는 다시 한 번 손을 모으고 기도했어요.

"저 배가 무사히 신라 땅에 닿을 수 있도록, 제 몸이 변해서 큰 용이 되기를 바라옵니다. 용이 되어 의상 대사님을 지킬 수 있도록 도와주소서."

기도를 마친 선묘 아가씨는 망설임 없이 바다에 몸을 던졌
어요. 이 모습에 하늘도 감동했는지 선묘 아가씨는 자신의 바
람대로 용이 될 수 있었어요. 용이 된 선묘 아가씨가 멀고 험
한 귀국길을 호위해 준 덕분에 의상 대사는 무사히 신라에 돌
아올 수 있었어요.

신라로 돌아온 의상 대사는 임금으로부터 절을 세우라는 명
령을 받고 좋은 자리를 찾기 위해 신라의 산천을 두루 살피고
다녔어요.

절터를 찾아서 온 나라를 돌아다니던 의상 대사는 태백산맥
자락에 있는 경북 영주에 이르렀어요.

'땅에 신성한 기운이 넘치고 산세도 아름답구나. 불법을 널
리 전하기에 적당한 곳인 듯하구나.'

그러나 절터를 발견한 기쁨도 잠시, 의상 대사는 고민에 빠
졌어요. 그곳에는 불교 중에서도 의상 대사와는 다른 종파를
가진 500여 명의 사람들이 살고 있었는데 종파가 다르다는 이
유로 절 짓는 걸 반대하는 것이었어요.

"부처님을 위한 절을 지으려고 합니다. 이곳을 양보해 주시
지 않겠습니까?"

그러자 무리 중에 있던 한 사람이 콧방귀를 뀌며 말했어요.

"허튼 소리 하지 마시오. 우리와 종파도 다른 승려의 말을

어찌 들을 수 있단 말이오?"

"우린 이곳에서 한 발자국도 움직일 생각 없소. 아예 꿈을 깨시는 게 좋을 거요."

500명이 넘는 많은 사람들은 의상 대사가 절을 짓기 위해 가져온 도구들을 발로 차거나 부수며 나가라고 소리쳤어요.

바로 그때였어요. 어디선가 큰 바윗돌이 날아와 소란을 피우는 무리 앞에 멈추었어요. 바위가 공중에 떠 있는 것도 놀라운데 그 커다란 바위는 공중에서 세 번씩이나 올라갔다 내려갔다를 반복하는 것이었어요. 또 공중에 뜬 바위는 무리의 머리 위를 맴돌기 시작했고 잠시 후 바위에서 큰 소리가 울려 나왔어요.

"이 절을 짓는 것은 부처님의 뜻이니, 너희들은 썩 물러가거라."

바위에서 이런 목소리까지 나오자 사람들의 얼굴은 하얗게 질렸어요.

"귀, 귀신이다!"

조금 전까지 의상 대사 앞에서 횡포를 부리던 사람들은 뒤도 안 돌아보고 도망치기 시작했어요.

원효 대사는 불교를 배우러 의상 대사와 중국으로 가던 중 동굴에서 하룻밤을 묵었어요. 잠을 자다 목이 말라 바가지의 물을 시원히 마시고 잠이 들었는데 아침에 일어나 보니 그 바가지는 바로 사람의 해골이었어요. 이때 원효 대사는 모든 것은 사람 마음에 달렸다는 큰 깨달음을 얻고는 유학을 가지 않고 다시 신라로 돌아와 불교를 널리 퍼뜨리는 데 큰 공을 세웠어요. 뿐만 아니라 원효 대사는 요석 공주와 결혼하여 설총이라는 아들을 낳았어요. 설총은 신라 시대 '이두'라는 문자를 만든 유명한 학자였어요. 설총은 아버지 원효 대사가 돌아가시자 분황사에 모셨다고 해요.

국보 제17호인 부석사 무량수전 앞 석등. 화강암으로 만들어졌으며 화려한 모습이 신라 시대 석등 가운데 으뜸으로 꼽힌다.

공부가 되는 우리문화유산

그리고 바로 그날 밤, 의상 대사의 꿈에 선묘 아가씨가 나타났어요.

"의상 대사님, 이제는 대사님의 일을 방해하는 무리가 없을 것입니다. 걱정 마시고 백성들에게 부처님의 높으신 덕을 널리 알리십시오."

의상 대사는 그제야 바위가 움직인 까닭이 선묘 아가씨 덕분인 걸 알고 고마워하며 말했어요.

"낭자께서는 여러 번 나를 구해 주셨으니 큰 은혜를 입었습니다. 이 은혜를 어찌 갚으면 좋겠소?"

"아무것도 바라는 것은 없습니다. 다만 이곳에 절을 지을 때, 무량수전을 세우고 석등을 만드시어 어둡고 쓸쓸한 백성들의 마음에 부처님을 모시게 해 주십시오. 그러면 저는 석룡이 되어 절 아래에 몸을 묻고 이 절을 영원토록 수호할까 합니다."

선묘 아가씨는 그 말을 마치고 공손히 인사를 하더니 연기처럼 사라졌어요.

잠에서 깬 의상 대사는 부처님과 선묘 아가씨에게 감사하며 기도를 올렸어요. 그 후, 의상 대사는 무사히 절을 세울 수 있었어요. 물론 선묘 아가씨의 말대로 절 안에 무량수전과 그 마당을 밝힐 석등도 세웠어요. 완성된 절을 보며 의상 대사는 뿌듯한 마음이 들었어요.

'이 절을 세울 수 있었던 것은 모두가 선묘 낭자의 공이로구나!'

의상 대사는 선묘 아가씨의 넋을 기리고자 절 이름을 '뜬 바위'라는 뜻을 가진 '부석사(浮石寺)'라 하였고, 선묘 아가씨의 영정을 모신 '선묘각'이라는 사당도 지어 주었어요.

부석사

경상북도 영주시 부석면 북지리에 있는 부석사는 676년 신라 문무대왕 때 만들어졌어요. 현재 충청남도 문화재 자료 제195호에 지정되어 있어요.

공부가 되는 우리문화유산

영주 부석사의 무량수전

고려 공민왕이 친필로 쓴 무량수전 현판

부석사 당간지주

온달 산성

죽어서도 눈을 감지 못한 온달 장군

고구려의 도읍지 평양성 근처에 온달이라는 청년이 살고 있었어요. 온달은 가난했지만 홀어머니를 지극정성으로 모시는 효자였어요. 게다가 어찌나 마음이 착한지 다른 사람이 자신에게 나쁜 짓을 해도 그냥 웃고 넘어가는 청년이었어요. 하지만 사람들은 누더기 차림에 놀림을 당해도 항상 웃기만 하는 온달을 바보라고 놀렸어요.

"온달은 바보래요. 바보 온달, 바보 온달!"

아이들까지 놀려대었지만 온달은 여전히 웃기만 할 뿐이었어요.

이런 바보 온달에 관한 소문은 궁궐까지 퍼지게 되었어요. 당시 임금이었던 평원왕에게는 평강 공주라는 예쁜 공주가 있었어요. 하지만 평강 공주는 떼쟁이 울보였어요. 그래서 왕은 평강 공주가 울 때마다 이렇게 겁을 주며 말했어요.

“당장 뚝 그치지 못하겠느냐? 계속 울면 바보 온달에게 시집 보내 버릴 것이다.”

그러면 평강 공주는 눈물이 그렁그렁 맺힌 채로 울음을 뚝 그쳤고, 사람들은 그런 공주의 귀여운 모습에 미소 지었어요.

아름답게 자라난 평강 공주는 어느새 시집갈 나이가 되었어요. 평원왕은 예쁜 공주에게 멋진 신랑감을 찾아 주려고 했어요. 그런데 평강 공주가 바보 온달에게 시집을 가겠다고 하는 거예요.

“아버님, 저는 온달이라는 분에게 시집갈 거예요. 아버님도 늘 저를 바보 온달에게 시집보낸다고 말씀하셨잖아요. 저는 꼭 온달님을 제 낭군님으로 삼을 거예요.”

“뭐라고? 어디 말도 안 되는 소리를 하느냐!”

하지만 평강 공주는 바보 온달에게 시집가겠다는 고집을 꺾지 않았어요. 그래서 결국 궁궐에서 쫓겨나고 말았어요.

평강 공주는 그 길로 온달의 집으로 찾아갔어요. 온달과 온달의 어머니는 어찌된 영문인지 몰라 멍하니 평강 공주를 쳐다보았어요. 공주는 온달의 어머니에게 공손하게 절을 하며 자신이 찾아온 이유를 말했어요. 공주의 말을 듣고 온달은 펄쩍 뛰며 거절했어요.

“그런 말도 안 되는 소리하지 마십시오. 공주님 같은 분이

공부가 되는 우리문화유산

어찌 저 같은 것의 아내가 된단 말입니까? 어
서 궁으로 돌아가십시오."

하지만 평강 공주의 끈질긴 구애에 결국
두 사람은 결혼을 하게 되었어요.

결혼 후 평강 공주는 온달에게 글을 가르
치기 시작했어요. 얼마 후 평강 공주는 온달
이 글을 배울 기회가 없어 바보 소리를 듣게
되었다는 것을 알게 되었어요. 또한 말 타는
법과 활 쏘는 법도 가르쳐 주었어요. 궁에서
가지고 온 보석들을 팔아 멋진 말도 사 주었
어요. 이런 평강 공주의 노력 덕분에 온달의
실력은 하루가 다르게 늘었어요. 온달은 평
강 공주의 손을 꼭 잡으며 말했어요.

"부인이 아니었다면 나는 여전히 바보 소
리만 들으며 살고 있을 것이오. 정말 고맙소."

"그런 말씀 마셔요. 전부 다 낭군님께서 잘
따라와 주신 덕분인걸요."

어느 해 3월이었어요. 나라에서 사냥 대회를 연다는 소식에
온달은 정성껏 기른 말을 타고 집을 나섰어요.

"돌아올 때 부인을 위해 멧돼지를 잡아 오겠소."

온달은 의기양양하게 집을 나섰어요. 온달의 사냥 솜씨는 이미 평양에서 최고였어요. 온달은 누구보다 빨리 달렸고 쏘는 화살마다 모두 백발백중이었어요. 온달이 커다란 멧돼지를 화살 하나를 쏘아 단번에 쓰러뜨리자 대회장에 있던 사람들의 입에서는 탄성이 절로 터져 나왔어요. 그 모습을 본 평원왕은 온달을 불러 물었어요.

"정말 훌륭한 활 솜씨를 가졌구나. 너는 어디 사는 누구냐."

"예, 저는 평양성 근처에 사는 온달이라고 하옵니다."

평원왕을 비롯해서 모든 신하들은 깜짝 놀랐어요. 바보라는 소문이 궁궐 안까지 퍼질 정도였던 온달의 실제 모습이 소문과 너무 달랐기 때문이에요.

"네가 온달이라고? 정말 소문으로 듣던 그 바보 온달 맞느냐?"

"예, 이 모든 것이 평강 공주의 덕분입니다."

온달은 지금까지 있었던 일들을 평원왕에게 모두 털어놓았어요. 이야기를 들은 왕은 흐뭇하게 미소 지으며 평강 공주와 온달을 부부로 인정했어요. 곧 온달은 고구려에서 제일가는 장수가 되었어요.

그리고 세월이 흘러 어느 날, 신라가 고구려에 쳐들어왔어요. 이때 임금은 평원왕의 뒤를 이은 영양왕이었어요. 온달은 영양왕에게 말했어요.

"왕이시여, 제가 나가 신라로부터 고구려를 반드시 구하겠습니다."

"그대가 가 준다면 정말 든든할 것이오."

온달은 전쟁터로 나가기 전 평강 공주의 손을 잡으며 말했어요.

"부인, 나는 우리 고구려의 땅에서 신라인들을 몰아내기 전까지는 절대 돌아오지 않을 것이오!"

"부디 몸 성히 다녀오서요."

평강 공주는 온달이 걱정되었지만 고구려를 위해 전쟁터로 보냈어요.

온달은 목숨 걸고 나라를 지키겠다는 굳은 다짐을 하며 신라와 맞서 싸웠어요.

"나가 싸우자! 우리 고구려인의 힘을 보여 주자!"

온달은 앞장서서 군사들을 이끌었어요. 하지만 치열한 전투 중에 온달은 그만 신라군이 쏜 화살에 맞아 목숨을 잃고 말았어요.

온달의 시신이 든 관이 평강 공주에게 전해졌어요. 그런데 평강 공주를 만난 온달의 관이 움직이지 않았어요. 이렇게 죽

온달 산성은 단양군 영춘면과 강원도 영월군을 잇는 도로변에 자리한 거대한 돌무지 구조물이에요. 길이 972미터, 높이 3미터, 둘레 683미터인 온달 산성은 비교적 작은 산성이에요. 하지만 산성 중 가장 아름다운 경치를 자랑하며 삼국 시대의 여러 유물들이 발견되는 등 중요한 문화재이지요. 또한 성벽의 보존 상태가 좋아 옛날 산성을 연구하는 데 큰 도움이 되고 있어요. 성의 북동쪽 남한강의 절벽 아래에는 천연 석회암 동굴이 있는데 온달굴이라 불리는 등 온달과 관련된 많은 전설이 남아 있어요.

온달 장군의 돌무덤으로 알려진 단양 사지원리 방단적석유구

는 것이 억울하다는 듯 관은 땅에 붙어서 떨어질 줄을 몰랐어요. 힘센 장정이 와서 관을 들려고 해도 도무지 움직이질 않았어요. 이 모습을 본 평강 공주는 눈물을 뚝뚝 흘리며 온달의 관을 어루만지면서 말했어요.

"억울한 마음 버리시고 이제 편히 가소서."

그제서야 관은 움직였고 장례를 치를 수 있었어요. 온달이 신라와 싸우다 죽은 곳은 현재 '온달 산성'이라고 불리고 있어요.

온달 산성

충청북도 단양군 영춘면에 있는 온달 산성은 만들어진 시기가 정확하지 않지만 조선 전기에 성산성이란 이름으로 불렸던 기록이 있어요. 삼국 시대에 쌓았다고 추정되는 온달 산성은 사적 제264호에 지정되어 있어요.

204
공부가 되는 우리문화유산

온달 산성

온달과 함께 고구려의 명장으로 손꼽히는 을지문덕

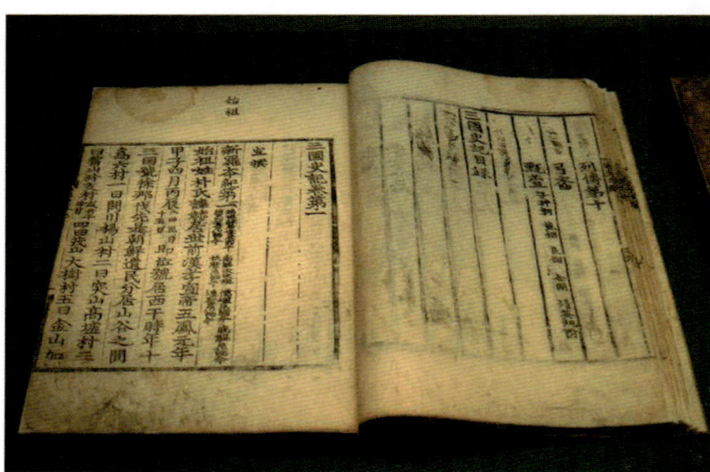

온달의 기록이 담긴 김부식이 지은 『삼국사기』

온달이 죽은 장소로 알려진 아차 산성

관촉사
은진미륵보살

아이처럼 우는 바위

따뜻한 봄이 오자, 반야산에도 새싹들이 돋아났어요. 이때 마을에 사는 한 부인은 나물을 캐기 위해 반야산으로 갔다가 이상한 소리를 들었어요. 바로 아기 울음소리였지요.

"이런 산중에 웬 아이 울음소리가 나는 걸까?"

부인은 이상하게 생각하며 울음소리가 나는 쪽으로 발걸음을 옮겼어요.

하지만 어찌된 일인지 아기는 보이지 않고 커다란 바위만 땅 밑에서 솟아올랐고 놀랍게도 바위에서 아기 울음소리가 들렸어요. 바위가 마치 살아 있는 것처럼 보였어요.

"에구머니나, 이게 무슨 일이람. 빨리 관가에 가서 이 일을 알려야겠구나."

놀란 부인은 헐레벌떡 마을로 돌아와 원님에게 이 사실을 알렸어요. 이 신기한 이야기를 전해 들은 원님은 직접 확인해 보기로 했어요. 원님이 반야산에 가 보니 과연 그곳에는 땅에서 솟은 커다란 바위가 아이처럼 울고 있었어요.

"거참, 괴상한 일이로구나."

반야산에 아이처럼 우는 바위가 있다는 신기한 소문은 고려의 임금이었던 광종의 귀에까지 들어갔어요. 광종은 신하들을 불러 모아 물었어요.

"경들은 그 바위를 어떻게 하는 것이 좋겠소?"

하지만 신하들은 그 뜻을 알 길이 없어 아무도 선뜻 의견을 내지 못했어요. 그러던 중 혜명 대사가 입을 열었어요.

"전하, 이 일은 아주 경사스러운 일입니다. 땅 밑에서 커다란 바위가 솟아올랐다는 것은 이 나라에 큰 복이 내린다는 뜻입니다. 또한 그 바위에서 울음소리가 들린다는 것은 나라에 좋은 일이 생긴다는 증거입니다. 그러니 부처님의 은혜에 감사하는 뜻에서 그 기이한 바위로 부처님을 만들고 그곳에 절을 세워야 합니다."

"그대의 말이 옳은 것 같구려. 대사에게 그 일을 맡기겠소."

그래서 광종의 명령에 따라 혜명 대사는 나라 안에서 제일간다는 100여

명의 석수장이들을 불러들였어요. 그들을 데
리고 반야산으로 간 혜명 대사는 석수장이들
에게 말했어요.

"부처님을 위해 미륵불을 조성할 것이오.
이 바위로 부처님의 하반신을 만드시게."

석수장이들은 의아해했어요.

"아니, 스님. 이렇게 큰 바위로 겨우 하반
신만 만든단 말입니까? 얼마나 큰 부처님을
만드시려구요?"

석수장이들의 물음에 혜명 대사는 조용히
미소만 지을 뿐이었어요.

그렇게 오랜 시간에 걸쳐 부처님 하반신이
만들어지자 혜명 대사는 그곳에서 약 30리쯤
떨어진 이웃 마을 연산면 우두굴에서 큰 돌
을 옮겨 와 다시 머리와 가슴 부분을 만들도
록 했어요. 이런 식으로 부처님의 모습을 세
조각으로 나누어 만들었어요.

불상을 만들기 위해 얼마나 정성을 들였
는지 무려 37년의 긴 세월이 지나갔어요. 그 사이 광종의 뒤를
이어 목종이 왕위에 올랐고 젊은 석공들은 늙어 허리가 굽고
머리가 세었어요. 물론 혜명 대사도 나이를 먹어 할아버지가

관족사 은진미륵보살

개태사 전경

공부가 되는 우리문화유산

되었어요. 혜명 대사는 세 등분으로 나뉘어
있는 부처님 조각을 바라보며 생각했어요.

‘이제 부처님을 하나로 쌓는 일만 남았는
데 어떻게 해야 할까? 저 큰 돌을 들어 올리
는 건 쉽지 않은 일인데…….’

혜명 대사는 탑을 쌓아 올릴 좋은 방법이
떠오르지 않아 밤잠도 못 이루고 고민에 빠
졌어요. 불상을 만드는 것이 이렇게 오랜 시
간이 걸린 것도 자신의 불심이 부족한 탓인
것 같아 더욱 괴로웠어요.

그러던 어느 날, 혜명 대사는 복잡한 머릿속
도 정리할 겸 잠시 산책을 하고 있었어요. 때
마침 개울가에서 아이들의 돌쌓기 놀이가 한
창이었어요. 아이들이 돌멩이를 이리저리 굴
리다가 큰 돌멩이 세 개를 쌓기 시작했어요.

먼저 바닥에 큰 돌 하나를 놓더니 그 주변에 모래 산을 쌓아
경사지게 만들었어요. 그리고는 그 모래 위로 가운데 부분의
돌을 굴려서 올렸어요. 그리고 다시 모래를 쌓아 마지막 토막
을 올려놓았어요. 세 토막을 다 세운 아이들은 주위의 모래흙
을 파내었어요. 그러자 커다란 돌 세 개를 힘들이지 않고 쌓을
수 있었어요. 이 모습을 본 혜명 대사는 신나서 소리쳤어요.

관촉사 은진미륵보살

"바로 이렇게 하면 되는구나!"

그리곤 아이들을 불러 물어보았어요.

"얘들아, 어떻게 해서 쌓았는지 내게 가르쳐 주지 않으련?"

아이들은 혜명 대사에게 친절하게 가르쳐 주었어요.

'옳거니, 이제 부처님을 세울 수 있겠구나.'

혜명 대사는 기뻐하며 아이들이 있던 곳을 쳐다보았어요. 하지만 아이들은 이미 사라져 버린 뒤였어요.

'그 아이들은 문수보살이었던 게 틀림없어. 고민하는 나를 위해 문수보살께서 도와주셨구나!'

혜명 대사는 얼른 합장을 하고 석불을 쌓기 위해 급히 달려갔어요. 혜명 대사는 일꾼들을 모아 문수보살이 알려준 대로 불상을 쌓기 시작했어요. 먼저 단을 하나 쌓고 불상의 하반신을 부분을 올려놓았어요. 그리고 그 하반신의 높이만큼 모래와 진흙을 쌓아 굳혀서 작은 산 모양을 만들었어요. 그리고 조각의 가운데 토막은 진흙으로 만든 경사진 길을 따라 밀어 올렸어요. 다시 흙과 모래를 두 번째 토막의 높이만큼 쌓아 다지곤 맨 윗 부분인 네모 관을 머리 위에

은진미륵보살과 관촉사 석등

관촉사 은진미륵보살

엎었어요. 마지막으로 주변에 쌓았던 흙을 파내고 나니, 정말로 아름다운 불상의 자태를 볼 수 있었어요. 무려 37년 만에 완성된 것이었지요.

미륵불이 완성되자마자 하늘에서 비가 내려 미륵불을 깨끗하게 씻어 주었어요.

"촛불같이 빛나는 모습이 정말 아름답구나!"

그 뒤로 은진미륵이 있는 절을 촛불 촉(燭) 자를 써서 '관촉사'라고 불렀어요. 가만히 미소 짓고 있는 이 은진미륵보살이 어찌나 유명해졌는지 관촉사라는 원래 이름보다 은진미륵절로 더 알려질 정도라고 해요.

관촉사 은진미륵보살
충청남도 논산시 관촉동 반야산 관촉사 안에 있는 은진미륵보살은 968년 고려 광종 때 혜명 대사에 의해 공사를 시작하여 1006년 목종 때 완성되었다고 해요. 독특한 모양의 은진미륵보살은 보물 제218호로 지정되어 있어요.

관촉사 석등

개태사 철 가마솥

관촉사 은진미륵보살

미륵사 터와 석탑

노랫소리로 얻은 색시

거리에 이상한 노래가 퍼졌어요.

"아름다운 공주님, 선화 공주님, 서동이와 노닐다가 궁궐로 돌아가네."

신라의 아이들은 입을 한데 모아 재미있다는 듯 노래를 불렀어요. 지나가던 사람들은 아이들의 노랫소리에 귀를 기울이며 말했어요.

"희한한 노래로구먼."

"선화 공주님이라면 예쁘기로 소문난 우리 신라의 공주님 아닌가?"

"그런데 서동이와 논다니, 서동이 누군가?"

사람들은 이상하다는 듯 고개를 갸우뚱했어요.

신나게 노래를 부르는 아이들 곁으로 마대 자루를 멘 한 청년이 다가갔어요. 아이들은 그 청년을 보자 신이 나서 청년 주위로 몰려들었어요.

"와, 서동이다!"

"우리, 오늘도 하루 종일 서동이 가르쳐 준 노래 불렀어요. 잘했죠?"

서동은 아이들의 머리를 쓰다듬으며 싱긋 웃었어요. 그리고는 마대 자루에서 맛있게 삶은 마를 꺼내 아이들에게 나눠 주며 말했어요.

"내일도 부탁한다."

아이들은 삶은 마를 정신없이 먹으며 고개를 끄덕거렸어요.

서동은 백제의 한 시골 마을에서 홀어머니와 함께 산나물과 약초, '마' 라는 식물의 뿌리를 캐서 어렵사리 살아가는 청년이었어요. 그러나 서동은 꿈이 있고 지혜로웠어요.

한편, 신라에는 선화라는 아름다운 공주가 있었어요. 선화 공주는 신라 제26대 진평왕의 셋째 딸로 얼굴도, 마음씨도 고와 그 소문이 서동이 살고 있는 백제 땅까지 들려왔어요.

'그 아름답다는 선화 공주님을 내 아내로 맞이하고 싶구나.'

서동은 선화 공주가 보고 싶어서 잠을 제대로 이룰 수가 없었어요. 며칠 밤을 고민하던 서동은 한 가지 좋은 생각이 떠올랐어요. 서동은 커다란 마대 자루에 삶은 마를 잔뜩 담고는 어머니에게 말했어요.

"어머니, 신라 땅의 선화 공주님을 부인으로 맞아 데려올 테니 조금만 기다려 주세요."

"아니, 서동아, 네 무슨 말도 안 되는 소릴 하는 게냐."

"걱정 마세요. 다 방법이 있습니다."

서동은 자신 있게 말하고는 신라 땅으로 향했어요.

서동의 꾀는 바로 이 서동요였어요. 동요를 따라 부르기 좋아하는 아이들에게 삶은 마를 나눠 주어 친해지면서 서동요를 알려 주었던 것이었지요. 서동이 만든 이 노래는 아이들의 입을 통해서 신라 전역으로 퍼져 나갔어요. 신라에서 이제 서동요를 모르는 사람은 없었어요. 아이들뿐만 아니라 어른들까지도 너나 할 것 없이 서동요를 불렀어요.

"아름다운 공주님, 선화 공주님, 서동이와 노닐다가 궁궐로 돌아가네."

서동요를 들은 진평왕은 불같이 화를 냈어요.

"한 나라의 공주가 몸가짐을 어떻게 하고 다니기에 남몰래 사랑을 속삭인다는 이런 해괴망측한 노래가 온 나라에 떠돈단 말이냐!"

미륵사 터와 석탑

아무 잘못도 없는 선화 공주는 억울했지만 소문은 눈덩이처럼 불어났어요. 결국 화가 난 진평왕이 공주에게 말했어요.

"신라 왕실의 이름을 더럽혔으니 당장 이 궁에서 나가거라!"

선화 공주는 보따리 하나만 달랑 가진 채 궁에서 쫓겨나게 되었어요. 서동은 이 기회를 놓치지 않고 선화 공주를 몰래 뒤따르기 시작했어요.

어느덧 날이 저물고 어딘지도 모르는 시골길을 걷던 선화 공주는 너무 무섭기도 하고 자신의 처지도 서러워서 그 자리에 주저앉아 훌쩍훌쩍 울었어요.

"난 본 적도 없는 서동이란 자 때문에 궁궐에서 내쫓기다니, 내 신세를 누구에게 하소연하면 좋단 말이냐."

그때 서동이 공주 앞에 모습을 드러내고 허리를 굽혀 깍듯이 절을 했어요. 깜짝 놀란 선화 공주는 떨리는 목소리로 물었어요.

"당신은 누구세요?"

서동은 무릎을 꿇고 공주에게 용서를 빌며 처음부터 끝까지 솔직하게 이야기를 했어요. 선화 공주는 서동의 말을 듣고 처음엔 화가 났지만 이미 갈 곳도, 의지할 곳도 없었기 때문에 용서하기로 했어요. 게다가 서동의 용기있는 행동과 지혜에 마음이 끌렸어요.

결국 선화 공주는 서동을 따라 백제로 왔고 두 사람은 혼인

을 하였어요. 그리고 선화 공주는 궁궐을 나
서며 가져온 보따리를 서동에게 풀어 보였
어요.

"제가 궁에서 가져온 비단과 금이에요. 이
것을 팔아 쓰면 우리 살림에 큰 도움이 될 거
예요."

하지만 서동은 선화 공주가 내놓은 비단과
금을 보고 대수롭지 않다는 듯 말했어요.

"이런 반짝거리는 것이 그렇게 대단하오?
이것이라면 내게도 많소."

서동은 금이 잔뜩 있는 용화산으로 선화
공주를 안내했어요. 선화 공주는 산 속에 있는 금을 보고 입이
다물어지지 않았어요. 태어나서 그렇게 많은 금은 처음 보는
것이었어요. 선화 공주는 기뻐하며 서동에게 물었어요.

"어떻게 이 많은 금을 찾으셨습니까?"

"마를 캐러 다니다가 발견했소. 이런 게 도움이 될 줄 몰랐
지만 공주가 기뻐하니 다행이오."

서동과 함께 많은 금을 가지고 돌아온 선화 공주는 잠시 깊
은 생각에 빠졌어요.

'궁에 계시는 아바마마께 이 금을 보내 드리면 노여움이 조
금 풀어지지 않으실까? 내가 혼인을 했다는 소식도 알리고 정

식으로 승낙을 받고 싶구나.'

선화 공주가 서동에게 고민을 털어놓자, 서동은 용화산의 '사지사'라는 절을 찾아가 지명 법사에게 자초지종을 설명했어요. 그러자 평소 서동의 비범함을 잘 알고 있던 지명 법사가 말했어요.

"걱정 말거라. 이런 건 금방 옮길 수 있다."

지명 법사가 금더미 앞에 서서 중얼거리며 주문을 외우자 그 많던 금덩이들이 하룻밤 만에 신라 왕궁으로 옮겨졌어요. 그 안에 선화 공주와 서동의 편지도 함께 들어 있었지요.

딸을 쫓아내고 마음이 아팠던 진평왕은 많은 금과 함께 온 딸의 소식이 반가웠어요. 진평왕은 서동의 슬기로움과 용기를 칭찬하며 둘의 혼인을 정식으로 허락했어요.

그 후, 서동은 마침내 백제의 제30대 무왕이 되었어요. 물론 선화 공주는 백제의 왕비가 되어 행복하게 지냈어요.

그러던 어느 날, 왕과 왕비는 사지사에 불공을 드리러 가는 길에 커다란 연못 근처에서 부처님 세 분을 만나게 되었어요. 왕과 왕비는 놀라서 타고 있던 수레에서 내려 부처님께 공손히 절을 올렸어요. 하지만 다시 고개를 들었을 때 부처님들은 어디론가 사라지고 없었어요. 왕비는 왕에게 말했어요.

"이 곳에 절을 짓게 해 주세요. 미륵부처님이 세 분이나 나

타나신 곳이니 절을 지어 기도를 드리면 반드시 나라가 큰 복
을 받을 것입니다."

왕은 왕비의 말을 듣고 고개를 끄덕였어요. 그 후 부처님이
나타났던 연못을 메워 큰 절을 지었어요. 그 절을 미륵부처님
을 보고 지었다고 해서 '미륵사'라 불렀어요.

미륵사 터와 석탑
전라북도 익산시 금마면 기양리에 있는 미륵사는 현재 석탑과 그 터만 남아 있어요.
601년 백제 무왕 때 만들어진 미륵사 터는 사적 제150호로 지정되어 있어요.

공부가 되는 우리문화유산

미륵사지 서탑 앞 당간지주

미륵사 터와 석탑

大雄
寶殿

선운사

스님에게 무릎 꿇은 도둑 떼

'이곳이 내가 찾던 땅이다. 여기에 절을 세워야겠군.'

검단 선사는 도솔산 기슭에 있는 넓은 들판을 바라보며 생각했어요. 햇빛에 반짝거리는 땅은 아주 기름져 보였어요.

검단 선사는 백제의 제27대 위덕왕의 명령을 받아 절을 세울 땅을 찾고 있었어요. 그러던 중 드디어 마음에 쏙 드는 땅을 찾을 수 있었어요.

검단 선사는 흡족해하며 마을로 들어갔어요. 하지만 이상하게도 마을 사람들의 표정이 하나같이 다들 어두웠어요.

'이상하구나. 기름진 평야도 있고 물고기가 많이 잡히는 칠산 바다가 있어서 먹고살 일에는 걱정이 없을 텐데······.'

마을 사람들이 우울해하는 이유가 궁금했던 검단 선사는 밭을 갈고 있던 농부에게 다가가 은근슬쩍 물어보았어요.

"이 마을에 무슨 걱정거리라도 있습니까? 농사도 잘될 땅인

배꼽에 비기를 숨겼다는 도솔암 마애불상

듯한데 다들 얼굴에 근심이 가득하군요."

그러자 농부는 누가 듣기라도 하면 큰일이라도 나는지 작은 목소리로 말했어요.

"땅이 좋아 농사가 잘되고 물고기가 많이 잡히면 뭐하겠소? 이 마을 사람 중 누구도 배불리 먹지 못하는데."

"아니, 그게 무슨 소립니까?"

"도솔산 뒤편에 도둑의 소굴이 있는데 그 도둑들이 다 빼앗아 가기 때문이오. 당신도 조심하시오. 잘못하다간 가진 걸 다 빼앗길 수 있으니."

"그런 일이 있었습니까? 걱정 마십시오. 전부 해결해 드리겠습니다."

검단 선사의 말에 농부는 콧방귀를 뀌며 말했어요.

"당신이 무슨 수로 그 도적들을 무찌른단 말이오?"

검단 선사는 빙긋 웃으며 자신의 정체를 밝히고 곧 이곳에 절이 세워질 것을 알렸어요. 검단 선사는 농부에게 말했어요.

"부처님이 돌봐 주실 겁니다. 우선 마을 사람들을 모아 제가 하라는 대로 해 주십시오."

검단 선사의 말을 들은 농부는 뛸 듯이 기뻐하며 마을 사람들을 모아 이 소식을 알렸어요.

며칠 후, 검단 선사는 도술을 부려 커다란 호랑이를 잡아 한밤중에 몰래 도

검단 선사는 백제 시대 인물로 깊은 산속 동굴에서 풀뿌리와 나무껍질만 먹으면서 기도를 했어요. 선사는 스님을 높여 부르는 말이에요. 또 검단 선사는 연못에 사는 못된 용을 물리치고 마을에 전염병이 돌 때는 전염병을 사라지게 할 만큼 도술이 뛰어났다고 해요. 그리고 검단 선사는 평소에 죽은 후에도 산신이 되어 선운사를 지키겠다는 말을 입버릇처럼 했다고 해요. 그래서 당시 사람들은 검단 선사가 죽어서 선운사 도솔암 왼편 칠송대의 암벽에 마애불이 되었다고 믿었어요. 마애불이란 글자 그대로 바위에 새긴 불상이란 뜻이에요.

둑들의 소굴 앞에 옮겨 두었어요. 그리고 아무리 힘이 센 사람도 호랑이를 들 수 없도록 도술을 부려 두고 여유 있게 마을로 돌아왔어요.

다음 날 아침, 도둑들은 자신들의 소굴 앞에 있는 죽은 호랑이 한 마리를 보고 깜짝 놀랐어요.

"아니, 어떤 놈이 우리 소굴 앞에 호랑이를 잡아 놓은 거야?"

"호랑이가 죽어 있으니 왠지 불길하구먼. 얼른 치워 버리자고."

하지만 수십 명의 도둑들이 달려들어도 호랑이를 옮길 수 없었어요. 보다 못해 힘이 가장 센 두목이 나섰어요.

"다들 그렇게 약해서 어디다 쓰겠나? 날 잘 보도록 해라."

자신만만하게 호랑이 앞에 선 두목은 호랑이를 들어 옮기려고 했어요. 두목이 이마에 땀을 뻘뻘 흘리며 안간힘을 써 보았지만 호랑이는 여전히 꼼짝도 하지 않았어요. 아무리 힘을 써 봐도 호랑이가 움직이지 않자 두목은 하는 수 없이 마을로 내려가 사람들에게 호통을 쳤어요.

“너희들 중에 이 호랑이를 치울 수 있는 자에게 상을 주겠다!”

하지만 마을 사람들은 검단 선사가 알려 준 대로 도둑 떼를 힐끔 보기만 할 뿐 곧 자기 할 일들을 하기 시작했어요. 아무도 상대를 해 주지 않자 도둑들은 화가 나서 마을 사람들을 괴롭히려고 했어요. 그때 검단 선사가 나타나 도둑들 앞을 가로막고 말했어요.

“호랑이 한 마리도 치우지 못하는 주제에 마을 사람들에게 횡포를 부리다니 창피하지도 않은가?”

검단 선사의 말에 두목은 벌컥 화를 내며 소리쳤어요.

“그렇게 자신 있다면 네가 한번 치워 봐라!”

“그래, 내가 하는 것을 잘 보도록 하여라.”

검단 선사는 도둑들의 동굴 앞으로 걸어가 죽어 있는 호랑이를 하늘 높이 던져 버렸어요. 그것도 한 손으로 말이에요. 이 모습을 본 마을 사람들은 환호성을 지르며 박수를 쳤어요. 깜짝 놀란 도둑들은 검단 선사 앞에 무릎을 꿇고 용서를 빌었어요.

“검단 선사님, 잘못했습니다. 다시는 도둑질도 하지 않고, 마을 사람들도 괴롭히지 않겠습니다.”

검단 선사는 그들을 용서해 주었어요. 그리고는 도둑들을 도솔산에서 멀지 않은 바닷가 마을에서 살게 하였어요. 하지만 도둑들은 걱정이 되었어요.

"도둑질을 그만 두기는 했지만 앞으론 무얼 해 먹으며 살아야 할까?"

그때 다시 검단 선사가 도둑들 앞에 나타났어요. 검단 선사는 묵묵히 바닷가에 진흙으로 웅덩이를 만들었어요. 그리고는 웅덩이에 바닷물을 가득 채워 햇볕에 물을 증발시켰어요. 이 일은 며칠 동안 되풀이되었어요. 얼마 뒤, 웅덩이에는 하얀 소금이 쌓였어요. 바닷물이 증발하고 그 자리에 소금이 남은 거예요.

검단 선사는 도둑들에게 말했어요.

"소금 만드는 법을 알려 주었으니, 앞으로 이렇게 만든 소금을 팔아서 살아보게."

도둑들은 모두 검단 선사의 은혜에 고마워했어요.

도둑 떼를 정리하고 마을을 안정시킨 검단 선사는 도솔산으로 되돌아가 '선운사'라는 절을 지었어요.

"우리가 이렇게 먹고살 수 있는 건 다 검단 선사님 덕분이야."

"검단 선사님의 은혜에 보답하며 살아야 하지 않겠나? 선사님을 잊지 않도록 마을 이름을 '검단'으로 짓는 건 어떤가?"

도둑들 모두 그 의견에 찬성하여 '검단 마을'이 되었고 매년 검단 선사가 지은 선운사에 소금을 바쳤어요. 지금도 고창의 바닷가 마을에서는 '보은염'이라고 해서 해마다 선운사에 소금을 바치는 행사를 하고 있어요.

선운사

전라북도 고창군 아산면 삼인리 도솔산에 있는 선운사는 577년 백제 위덕왕 때 검단 선사와 신라의 국사인 의운 국사가 창건했다고 전해져요.

선운사 경내 모습

선운사 대웅보전 불상

공부가 되는 우리문화유산

선운사의 극락교

선운사 지장보살좌상 보물 제280호

검단 선사 보은염 행사

상원사

문수보살이 등을 밀어 준 세조

조선의 제7대 왕이 된 세조는 밤마다 잠드는 게 두려웠어요. 매일 밤 꿈에 자신이 왕위에 오를 때 억울하게 죽은 신하들과 단종이 나타나기 때문이었어요.

"왕위에 오르기까지 너무 많은 사람들이 피를 흘렸구나."

조카였던 어린 단종을 죽이고 왕위를 빼앗아 임금 자리에 올랐던 세조는 마음이 편치 않았어요. 게다가 왕이 된 후 사랑하는 아들인 세자까지 갑작스럽게 죽자 백성들 사이에서는 세조가 천벌을 받아서 안 좋은 일이 생긴다는 소문까지 돌기 시작했어요.

'부처님을 모시면 내 죗값이 가벼워지려나……'

세조는 자신이 지은 죄를 조금이라도 덜기 위해 절을 짓거나 스님들을 위해 많은 돈을 바쳤어요. 하지만 세조의 마음은 무겁기만 할 뿐이었어요.

그러던 어느 날이었어요. 세조의 꿈에 단종의 어머니이자 세조의 형수인 문정왕후가 나타나 원한에 사무친 목소리로 말했어요.

"아무리 권력이 좋다한들 어찌 어린 조카를 죽일 수 있단 말입니까!"

문정왕후는 세조를 꾸짖으면서 침을 뱉었어요. 깜짝 놀라 꿈에서 깨어난 세조는 꿈이었다는 걸 알고 안도의 한숨을 내쉬었어요. 하지만 그날부터 몸에 이상한 종기가 생기기 시작했어요. 세조의 몸은 울긋불긋 보기 흉하게 변했어요. 세조는 종기를 없애기 위해 좋다는 약을 다 구해다 썼지만 아무런 효과가 없었어요.

온몸으로 번진 종기 때문에 잠도 제대로 잘 수 없어서 고통스러운 나날을 계속 보내고 있었어요. 이런 세조의 딱한 모습을 보다 못한 신미라는 스님이 말했어요.

"전하, 많이 지치신 것 같습니다. 물 좋은 오대산에라도 가셔서 잠시 쉬고 오심이 어떠한가 싶습니다."

"신미 스님, 그대 말이 옳은 것 같소. 당장 나갈 채비를 해 주게."

세조는 신미 스님의 말대로 오대산의 상원사로 떠났어요.
한창 더운 여름이라 상원사로 올라가는 길은 힘들었어요.

공부가 되는 우리문화유산

땀이 뚝뚝 떨어지는 것도 힘든데 더욱이 몸에 난 종기가 가렵고 쓰려서 참을 수 없었어요. 그때, 상원사로 오르는 길에 커다란 계곡이 보였어요. 세조는 당장 물에 뛰어들고 싶은 충동을 느꼈어요.

'아, 저 시원한 물속으로 뛰어들어 목욕이라도 하고 싶구나.'

세조는 주위에 있던 신하들을 모두 물리쳤어요. 항상 곁을 따르던 내시들까지도요. 그리고 홀로 계곡물에 들어가 목욕을 하고 있던 세조는 곧 아쉬운 생각이 들었어요.

'누가 내 등을 시원하게 밀어 주면 좋겠구면…….'

그러나 자신의 몸에 난 흉한 종기들을 아무에게도 보여 주기 싫어 신하들을 모두 몰리친 후라 어쩔 수가 없었어요.

그때 마침 계곡 옆을 지나가던 동자가 세조에게 말을 걸었어요.

"제가 등을 밀어 드릴까요?"

세조는 잠시 망설였지만 동자에게 등을 밀어 달라고 부탁했어요. 동자는 살며시 미소 지으며 세조의 곁으로 다가와 아

상원사는 강원도의 오대산에 있는 월정사에 속한 작은 절이에요. 신라 제33대 성덕왕이 세운 절로 신라 시대의 유물로는 상원사 동종과 대리석 탑이 있어요. 현재 있는 절은 광복 후에 다시 만든 것이에요. 상원사 동종은 둘레가 아름다운 연꽃과 덩굴무늬로 장식되어 있고 구름 위에서 악기를 연주하는 선녀를 새겨 놓았어요. 바람에 날리는 천의 모습, 선 등이 부드럽게 표현됐고 종 몸체의 아래와 위의 끝 부분이 안으로 좁혀지는 모습을 하고 있어서 아름다움을 더해 주고 있어요. 상원사 동종은 현재 남아 있는 종 가운데 가장 오래되고 아름답다고 손꼽히는 종이에요. 725년에 만들어진 구리종으로 국보 제36호에 지정되었어요.

무 말 없이 등을 밀어 주었어요.

세조는 날아갈 듯 시원함을 느꼈어요. 하지만 곧 왕의 체면이 걱정된 세조는 동자에게 부탁했어요.

"애야, 사람들에게 임금의 옥체를 씻겨 주었다고 말하면 절대 안된다. 알겠느냐?"

그러자 동자는 조용히 미소 지으며 대답을 했어요.

"임금님도 문수보살이 몸을 씻어 주더라고 아무에게도 말하시면 안돼요."

세조가 깜짝 놀라 뒤를 돌아보았지만 문수보살은 사라지고 없었어요. 그러다 자기 몸에 흉측하게 났던 종기들이 씻은 듯이 나은 것을 보았어요.

"아! 문수보살께서 나를 도와주셨구나! 문수보살님, 감사합니다."

세조는 크게 감격해 신하들에게 문수동자 만난 이야기를 했어요. 그리고 문수동자의 모습을 그림으로 그리도록 명령했어요. 그림이 완성되자 세조는 문수동자상을 만들어 상원사에 모시도록 명하였지요. 이 문수동자상은 조선 초기의 불상 중 가장 뛰어난 작품으로 손

상원사 동종

꼽히고 있어요.

또한 세조는 자신의 병을 낫게 해 준 문수보살의 은혜에 보답하기 위해 종을 바치기로 했어요.

"내 병을 낫게 해 준 문수보살을 위해 종을 바쳐야겠다. 전국에서 가장 좋은 종을 찾아오너라."

세조의 명령으로 좋은 종을 찾던 중, 안동 남루에 걸린 종이 모양새가 아름답고 소리가 웅장하며 100리까지 퍼진다는 이야기가 들렸어요. 세조는 기뻐하며 그 종을 상원사로 옮기게 했어요. 문수동자에게 선물하는 종이므로 상원사 동종이라는 이름도 내려 주었지요.

그런데 종이 안동에서 멀어져 상원사 가까이에 도착하자 더 이상 움직이지 않았어요. 종을 옮기던 신하들이 어찌된 일인가 싶어 어리둥절하고 있으니 신미 스님은 껄껄 웃으며 자초지종을 말해 주었어요.

"저 종이 제가 있던 자리를 떠나려니 마음이 아주 울쩍한가 보오. 그래서 아마 움직이지 않고 버티고 있는 것일게요. 그러니 종의 꼭지 중 하나를 따서 고향 안동으로 보내시오. 그러면 종이 움직일 것이오."

스님의 말대로 꼭지를 하나 따서 안동으로 보내자 종이 움직이기 시작했어요.

이렇게 해서 안동에 있던 종은 상원사로 옮겨져 깨끗하고 아름다운 종소리를 울리게 되었어요.

상원사

강원도 평창군 진부면 동산리에 있는 상원사는 724년 신라 성덕왕 때 창건되었어요. 세조가 문수보살에게 감사하며 만든 상원사 목조문수동자상은 1466년 조선 세조 때 만들어져서 국보 제221호로 지정되어 있어요.

단종의 묘, 영월 장릉

상원사 목조문수동자상

상원사 목조문수보살좌상

상원사 앞의 고양이 석상

공부가 되는 우리문화유산

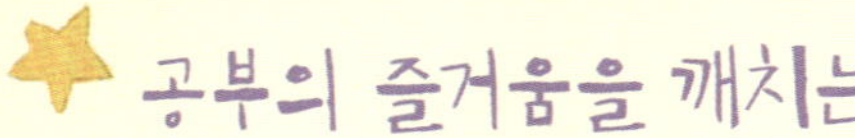

〈공부가 되는〉 시리즈!

공부가 되는 세계 명화
글공작소 글
18,000원

공부가 되는 한국 명화
글공작소 글
18,000원

**공부가 되는
그리스로마 신화**
글공작소 글
12,000원

**공부가 되는
별자리 이야기**
글공작소 글
12,000원

**공부가 되는
공룡 백과**
글공작소 글 | 장은경 그림
13,000원

**공부가 되는
탈무드 이야기**
글공작소 엮음
12,000원

**공부가 되는
삼국지**
나관중 원작 | 장은경 그림
12,000원

**공부가 되는
유럽 이야기**
글공작소 글
14,000원

**공부가 되는
조선왕조실록 1, 2**
글공작소 글 | 김정미 감수
각권 13,000원

**공부가 되는
저절로 영단어**
다니엘 리 글
14,000원

⭐ 〈성격과 기질로 알아보는〉 시리즈

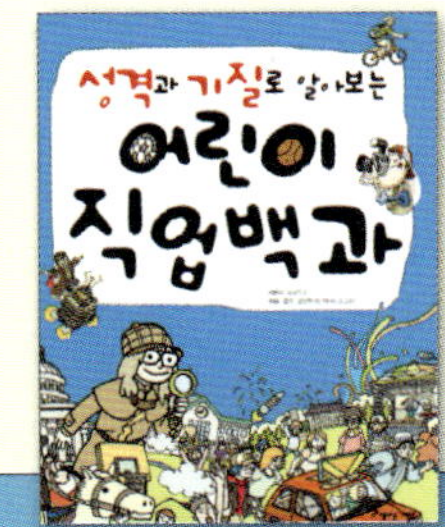

**성격과 기질로 알아보는
어린이 직업백과**
글공작소 글 | 김영석 그림
17,000원

**성격과 기질로 알아보는
롤모델 인물백과**
글공작소 글 | 김영석 그림
19,000원

⭐ 아름다운사람들의 똑똑한 도서

**아름다운 어른이 되는
생각 습관**
다니엘 리 엮음
12,000원

**산타로스에서 온 엄마
엄마는 외계인**
박지기 글 | 조형윤 그림
8,500원

⭐ 우리 아이 지성·감성·품성 키우는 〈번쩍 시리즈〉

가치 번쩍 품성 동화
글공작소 엮음
9,800원

좌뇌 번쩍 논리 동화
글공작소 엮음
9,800원

우뇌 번쩍 감성 동화
글공작소 엮음
9,800원

⭐ 꿈공작소 꿈을 이루는 우리 아이 성장 동화

1 알몸으로 학교 간 날
타이-마르크 르탄 글 | 벵자맹 쇼 그림 | 이주희 역 | 값 9,500원

2 도둑맞은 달
와다 마코토 글·그림 | 김정화 역 | 값 9,500원

3 두 발로 걷는 개
이서연 글 | 김민정 그림 | 값 9,800원

4 초강력 아빠 팬티
타이-마르크 르탄 글 | 바루 그림 | 이주희 역 | 값 9,800원

5 마음이 아플까봐
올리버 제퍼스 글·그림 | 이승숙 역 | 값 10,000원

6 천재는 학교를 싫어해!
엘라 허드슨 글·그림 | 이승숙 역 | 값 9,800원

7 날고 싶어!
올리버 제퍼스 글·그림 | 이승숙 역 | 값 12,000원

⭐ 거꾸로 쓰는 세계명작 창의력을 키우는 반전 동화

1 장화 벗은 고양이
글공작소 글 | 최민오 그림 | 값 9,800원

2 신데렐라 새엄마
글공작소 글 | 이명옥 그림 | 값 9,800원

3 알라딘과 보통 램프
글공작소 글 | 최민오 그림 | 값 9,800원

4 바보 인어공주
글공작소 글 | 이진경 그림 | 값 9,800원

5 백설 공주와 똑똑한 거울
글공작소 글 | 이명옥 그림 | 값 9,800원

6 도둑이 된 잭과 콩나무
글공작소 글 | 강영수 그림 | 값 9,800원

* 위 시리즈는 계속 출간됩니다.